# A POLÍTICA CRIMINAL DA "LEI E DA ORDEM"

## ANTEPROJETO DE REFORMA DA PARTE GERAL DO CÓDIGO PENAL – UMA VISÃO CRÍTICA

JAIR LEONARDO LOPES

# A POLÍTICA CRIMINAL DA "LEI E DA ORDEM"
## ANTEPROJETO DE REFORMA DA PARTE GERAL DO CÓDIGO PENAL – UMA VISÃO CRÍTICA

Belo Horizonte

2014

© 2014 Editora Fórum Ltda.

É proibida a reprodução total ou parcial desta obra, por qualquer meio eletrônico, inclusive por processos xerográficos, sem autorização expressa do Editor.

Conselho Editorial

Adilson Abreu Dallari
Alécia Paolucci Nogueira Bicalho
Alexandre Coutinho Pagliarini
André Ramos Tavares
Carlos Ayres Britto
Carlos Mário da Silva Velloso
Cármen Lúcia Antunes Rocha
Cesar Augusto Guimarães Pereira
Clovis Beznos
Cristiana Fortini
Dinorá Adelaide Musetti Grotti
Diogo de Figueiredo Moreira Neto
Egon Bockmann Moreira
Emerson Gabardo
Fabrício Motta
Fernando Rossi

Flávio Henrique Unes Pereira
Floriano de Azevedo Marques Neto
Gustavo Justino de Oliveira
Inês Virgínia Prado Soares
Jorge Ulisses Jacoby Fernandes
Juarez Freitas
Luciano Ferraz
Lúcio Delfino
Marcia Carla Pereira Ribeiro
Márcio Cammarosano
Maria Sylvia Zanella Di Pietro
Ney José de Freitas
Oswaldo Othon de Pontes Saraiva Filho
Paulo Modesto
Romeu Felipe Bacellar Filho
Sérgio Guerra

Luís Cláudio Rodrigues Ferreira
Presidente e Editor

Revisão: Marcelo Belico
Bibliotecária: Izabel Antonina A. Miranda – CRB 2904 – 6ª Região
Capa, projeto gráfico: Walter Santos
Diagramação: Reginaldo César de Sousa Pedrosa

Av. Afonso Pena, 2770 – 16º andar – Funcionários – CEP 30130-007
Belo Horizonte – Minas Gerais – Tel.: (31) 2121.4900 / 2121.4949
www.editoraforum.com.br – editoraforum@editoraforum.com.br

---

| | |
|---|---|
| L684p | Lopes, Jair Leonardo<br>A política criminal da "Lei e da Ordem": Anteprojeto de reforma da Parte Geral do Código Penal: uma visão crítica / Jair Leonardo Lopes. – Belo Horizonte : Fórum, 2014.<br>118 p.<br>ISBN 978-85-7700-825-4<br>1. Direito penal. 2. Política criminal. 3. Direito processual penal. I. Título.<br>CDD: 345.05<br>CDU: 343.71 |

Informação bibliográfica deste livro, conforme a NBR 6023:2002 da Associação Brasileira de Normas Técnicas (ABNT):

LOPES, Jair Leonardo. *A política criminal da "Lei e da Ordem"*: Anteprojeto de reforma da Parte Geral do Código Penal: uma visão crítica. Belo Horizonte: Fórum, 2014. 118 p. ISBN 978-85-7700- 825-4.

# SUMÁRIO

NOTA DO AUTOR ........................................................................................... 9

## OS CRIMES HEDIONDOS E A POLÍTICA CRIMINAL DA "LEI E DA ORDEM" – SEUS REFLEXOS SOBRE A PRESCRIÇÃO E A MOROSIDADE DA JUSTIÇA ...................................................................... 11

1    O chamado "Movimento da Lei e da Ordem" ................................ 12

2    A mídia e a política criminal da Lei e da Ordem ........................... 13

3    A Constituição de 1988 e a política da Lei e da Ordem ................. 13

4    Crimes *hediondos* e as leis penais sucessivas e da mesma política criminal .............................................................................................. 15

5    A definição da tortura como crime assemelhado aos hediondos ....... 15

6    A falsificação de produtos destinados a fins terapêuticos ............. 16

7    Lei nº 12.015 altera a Lei nº 8.072, exacerbando as penas ............ 17

8    Sistema progressivo de execução da pena – Inconstitucionalidade da obrigatoriedade de cumprimento de pena em regime fechado, sem observância a critério de individualização ................................ 17

9    A suposta compatibilização da Lei nº 11.464 com a Constituição ...... 19

10   Livramento condicional e crime hediondo .................................... 20

11   A Lei nº 8.072 e a proibição da graça e do indulto ....................... 20

12   A influência no Direito Processual Penal ...................................... 23

13   A Lei nº 12.850 de 02.08.2013 – Ação controlada – Delação premiada – Infiltração nas organizações criminosas – Interceptação de comunicações telefônicas e outras .......................................... 24

14   A interceptação de comunicações para prova em investigação criminal .............................................................................................. 28

15   A Lei nº 10.792 e a tentativa de reabilitar a "cela surda" ............. 28

16   A lei elitista e o aumento da pena dos crimes de corrupção ativa e passiva .............................................................................................. 30

17   A Lei nº 10.826 desarma os de conduta correta e deixa os bandidos armados .............................................................................................. 31

18   A Lei nº 12.683, que altera a Lei nº 9.613, sobre lavagem de dinheiro .............................................................................................. 31

19   O plebiscito do plebiscito pretendido pelo Senador ..................... 42

20   A suposta benignidade das leis penais e os acidentes de trânsito ..... 43

21   As leis contra a prescrição .............................................................. 45

22   Os prazos nos quais os operadores do direito devem cumprir seus deveres ...................................................................................... 48

| | | |
|---|---|---|
| 23 | A PEC dos Recursos serve aos Tribunais Superiores | 50 |
| 24 | O STJ e a morosidade em seus julgamentos | 55 |
| 25 | A Súmula nº 438, sobre prescrição antecipada | 56 |
| 26 | Prescrição antecipada e o interesse de agir | 58 |
| 27 | Discurso da mídia sobre impunidade e o mensalão | 59 |
| 28 | Denúncia de grupos de fatos | 59 |
| 29 | Doutrina do domínio do fato e dosimetria das penas | 60 |
| | Referências | 61 |

## ANTEPROJETO DA PARTE GERAL DO CÓDIGO PENAL – A PROPOSTA DE INCLUSÃO DA TEORIA DA IMPUTAÇÃO OBJETIVA ... 63

| | | |
|---|---|---|
| 1 | Breve histórico da elaboração do Anteprojeto | 63 |
| 2 | O Anteprojeto e a Teoria da Imputação Objetiva | 65 |
| 3 | Substituição do art. 13 do Código Penal pelos arts. 14 a 17 | 66 |
| 4 | "Modos da codificação" e proporcionalidade das penas | 68 |
| 5 | Razão para manter-se a redação da Parte Geral de 1984 | 69 |
| 6 | Alterações do texto sobre inimputabilidade | 70 |
| 7 | A embriaguez voluntária ou culposa | 71 |
| 8 | Atualizar não é adotar teoria inacabada | 71 |
| 9 | O Código Penal estaria à margem da investigação científica | 74 |
| 10 | "O estado da investigação científica" no dizer de seus autores e adeptos | 75 |
| 11 | O respeito devido aos autores e aos que já aderiram à Teoria da Imputação Objetiva | 78 |
| 12 | O risco e a infração ao dever de cuidado | 79 |
| 13 | Os exemplos e a relevância da infração ao dever de cuidado | 81 |
| 14 | Observância ao dever de cuidado e o Direito Penal dito "tradicional" | 82 |
| 15 | Decisões que dispensam a Teoria da Imputação Objetiva | 83 |
| 16 | Passo a fazer comentários sobre algumas outras propostas de alterações da *Parte Geral* do Código Penal | 95 |
| 17 | Culpabilidade – Antes de tudo, elemento do conceito do fato punível | 96 |
| 18 | Repugnância à responsabilidade objetiva ou sem culpa | 96 |
| 19 | A lei mais benigna segundo a proposta do Anteprojeto | 98 |
| 20 | A solução apresentada para o concurso aparente de normas | 98 |
| 21 | O acidente de trânsito e o dolo eventual | 99 |
| 22 | A tentativa e o início da execução | 100 |
| 23 | A substituição da redação do crime impossível | 102 |
| 24 | A proposta sobre o "princípio da insignificância" | 103 |
| 25 | O excesso não punível nas causas de justificação | 104 |
| 26 | A orientação permanente de mudar a redação | 104 |
| 27 | Aumento do rol dos crimes hediondos | 105 |
| 28 | Penas restritivas de direitos e interdições temporárias | 105 |

| | | |
|---|---|---|
| 29 | Da extinção do "sursis" e do livramento condicional e a omissão sobre a reabilitação | 106 |
| 30 | As disposições sobre a individualização das penas | 110 |
| 31 | A pena base e os critérios para sua individualização | 111 |
| 32 | Da barganha e da colaboração com a Justiça | 114 |
| 33 | Do imputado colaborador | 116 |
| | Referências | 117 |

## NOTA DO AUTOR

Entre os dois trabalhos aqui publicados pode, aparentemente, não haver rigorosa sequência lógica, em razão dos títulos atribuídos a cada qual. Entretanto, eles se identificam pela natureza da política criminal de extremado rigor punitivo que a ambos orienta. Quanto ao primeiro, sobre crimes hediondos e a política criminal da "Lei e da Ordem", por seu próprio título, revela-se a natureza repressiva das leis que dele constam.

O segundo trabalho contém considerações sobre o Anteprojeto de Reforma da Parte Geral do Código Penal, que, tão logo fora entregue no Senado Federal, tornara-se o Projeto de Lei nº 236, cujas propostas demonstram a semelhança da severa orientação punitiva que aos dois textos informa. Mas o recente conhecimento do teor do último Substitutivo, ou Substitutivo após emendas, permite concluir que é de muito mais rigor punitivo do que o Anteprojeto transformado no PLS nº 236.

Fica assim explicada a razão da publicação conjunta dos trabalhos, que se identificam por versarem os mesmos temas em leis vigentes e propostas legislativas, todas sujeitas a juízo crítico que se estende à pretensão precursora de introduzir no Código Penal Brasileiro a Teoria da Imputação Objetiva quando os que a conceberam, e nela trabalham, consideram que ainda não está acabada. Talvez por isso não faça parte do Código Penal do país onde surgiu.

# OS CRIMES HEDIONDOS E A POLÍTICA CRIMINAL DA "LEI E DA ORDEM"

## SEUS REFLEXOS SOBRE A PRESCRIÇÃO E A MOROSIDADE DA JUSTIÇA

1. Ilustre Professor da Faculdade de Direito do Pitágoras, solicitou-me uma palestra para os seus alunos sobre *A influência do Movimento da Lei e da Ordem no Direito Penal e Processual Penal brasileiros*. Fiz breves anotações sobre o tema proposto e, após a palestra, resolvi ampliá-las e transformá-las neste escrito. Não se trata, pois, de mais um trabalho de crítica à Lei dos Crimes Hediondos, mesmo porque ninguém fará nada mais completo e melhor do que a obra de Alberto Silva Franco, *Crimes hediondos*, de consulta obrigatória para quem tenha necessidade de tratar do assunto.[1] Aqui, o objetivo é demonstrar a influência da política criminal da "Lei e da Ordem" sobre o texto constitucional de 1988 e a legislação brasileira penal e processual penal e seus reflexos sobre a prescrição e a morosidade da Justiça.

Percebe-se o recrudescimento da campanha dos que creem no rigor da lei penal e processual penal como meio de diminuir as ocorrências criminais, pois, redefinem-se tipos penais, para torná-los mais severos e abrangentes; aumentam-se as cominações legais das penas e se concebem "princípios" com a aplicação dos quais se pretende limitar o alcance constitucional da presunção de inocência do devido processo legal e de outras garantias e direitos individuais.

---

[1] FRANCO, Alberto Silva; LIRA, Rafael; FELIX, Yuri. *Crimes hediondos*. 7. ed. São Paulo: Revista dos Tribunais, 2011.

A política criminal, no Estado Democrático de Direito, considerando razões de oportunidade e conveniência, escolhe os meios mais adequados para, respeitados os direitos fundamentais da pessoa humana, tentar reduzir os índices da criminalidade a níveis razoáveis. Nenhum legislador, por mais temíveis que sejam suas leis, poderá ter a veleidade de supor que, com tais leis, fará desaparecer ou reduzir as ocorrências dos crimes.

2. A verdade é que o crime e a pena retratam a imperfeição humana no tempo e no espaço. A criminalidade e a punição se transformam, mas não desaparecem. Silva Ferrão, penalista português, em obra publicada em 1856, já censurava os que acreditavam na eficácia das penas cruéis para eliminar o crime, dizia que "os malefícios são uma condição inerente à fraqueza e imperfeição moral da humanidade" e concluía "que é tão impossível extirpar completamente a causa complexa do crime como seria meter o mar em uma concha".[2]

## 1 O chamado "Movimento da Lei e da Ordem"

3. O "Movimento da Lei e da Ordem" é a denominação da política criminal com a qual, na América do Norte, se supôs poder conter a criminalidade por meio de leis mais severas e a adoção da mais temível de todas as sanções — a pena de morte. Entretanto, tal pena, ao invés de evitar o crime, pode multiplicá-lo, porque aquele sujeito a ser condenado à pena de morte, *se não for preso em flagrante*, sabendo que vai morrer, tudo fará para evitar a prisão, inclusive praticará outros crimes iguais ao anterior, mesmo porque sua pena será sempre a mesma — de morte — *quer tenha cometido um só crime, quer tenha cometido dezenas de outros iguais ao primeiro*. Além do mais, trata-se de pena que, aplicada e executada, é irreversível, não comportando correção, logo, faz supor a infalibilidade dos magistrados, que não a possuem, pois são criaturas humanas, sujeitas, como as demais, a erro de julgamento.

4. Alberto Silva Franco, o jurista e penalista de reconhecida autoridade, em sua clássica obra sobre os crimes hediondos, escreveu:

> Não há dúvida de que as valorações político-criminais próprias do Movimento da Lei e da Ordem (*Law and Order*) se fizeram presentes à retaguarda do posicionamento assumido pelo legislador constituinte.

---

[2] SILVA FERRÃO, Francisco António Fernandes da. *Theoria do Direito Penal*: aplicada ao codigo penal portuguez comparado com o codigo do Brazil, leis patrias, codigos e leis criminaes dos povos antigos e modernos. Lisboa: Typ. Universal, 1856. v. I, cap. II, p. XXXVI.

O que, em verdade, essa corrente político-criminal, surgida na década de setenta e com reflexo nas décadas imediatas do século XX, tomava em consideração? Antes de tudo a premissa de que o tratamento dado à criminalidade se mostrava extremamente brando e isso era devido a perspectivas dogmáticas sofisticadas e a considerações de ordem sociológica. As grandes construções teóricas só serviam, em verdade, para aumentar a criminalidade. Tornava-se imprescindível repropor a ordem — e não a justiça — como valor supremo, as taxas de criminalidade tinham sofrido grande incremento porque foram minimizadas as possibilidades da prisão, da condenação e da imposição de penas graves. A lei deveria restabelecer a ordem, agravando os níveis punitivos e penalizando com rigor até da pena de morte, os criminosos perigosos ou reincidentes. Nenhuma indulgência teria cabimento. "Quem faz paga" é a proposta de núcleo concentradamente retributivo adotada pelo Movimento da Lei e da Ordem. Era necessário "voltar ao básico, àquilo que a gente comum entende como bem e mal", ou seja, "à criminologia da vida cotidiana".[3]

## 2 A mídia e a política criminal da Lei e da Ordem

5. Os integrantes da mídia, conscientemente ou não, dão curso à política criminal da Lei e da Ordem, ao sustentarem o discurso contra a impunidade com a repetida alegação de que as penas são benignas e necessitariam de ser mais repressivas. Em nosso país, recentemente, recebida pelo Supremo Tribunal Federal denúncia, na Ação Penal nº 470,[4] contra 40 pessoas, envolvidos banqueiros, empresários, deputados e servidores públicos, o discurso mediático concentrou-se na referida ação penal, fazendo do processo a oportunidade para pressionar a Justiça, em seu órgão máximo, exigindo a imediata e severa condenação e prisão dos denunciados, como se aquele caso pusesse fim a todos os crimes praticados *antes*, *durante* e *depois* daqueles.

## 3 A Constituição de 1988 e a política da Lei e da Ordem

6. Sob a inspiração dos conceitos da mencionada política criminal, o constituinte brasileiro de 1988 introduziu em nossa Lei Magna o inciso XLIII do art. 5º, que diz:

---

[3] FRANCO; LIRA; FELIX. *Crimes hediondos*, p. 142.
[4] STF. AP nº 470/MG, Pleno. Rel. Min. Joaquim Barbosa. Revisor Min. Ricardo Lewandowski. Julg. 17.12.2012. *DJe*, 22 abr. 2013.

A lei considerará crimes inafiançáveis e insuscetíveis de graça ou anistia a prática da tortura, o tráfico ilícito de entorpecentes e drogas afins, o terrorismo e os definidos como crimes hediondos, por eles respondendo os mandantes, os executores e os que, podendo evitá-los, se omitirem.

Trata-se de um texto técnica e politicamente infeliz, pois, dizer que respondem por tais crimes "os mandantes e os executores" era inteiramente desnecessário, porque o Código Penal, desde 1940, já previa que "quem, de qualquer modo, concorre para o crime incide nas penas a este cominadas" e o texto do Código vigente repete o anterior, com o acréscimo *na medida de sua culpabilidade*.

7. Além disso, pretendeu-se instituir crime por omissão consistente, apenas, em não evitar o que poderia ser evitado. A omissão é relevante quando o omitente devia e podia agir para evitar o resultado. Não basta "poder evitar o resultado"; a evitação do resultado se impõe quando à pessoa incumbia *o dever de agir* para evitá-lo. Se outro fosse o entendimento, chegar-se-ia ao absurdo de considerar-se sujeito à pena de cinco a quinze anos, por omissão, todo aquele que não tivesse evitado "uma passagem de droga" que presenciara ou de que tivera notícia.

8. A Constituição Federal não enunciou o conceito de "crime hediondo", tendo estabelecido que os crimes definidos como tais seriam "inafiançáveis e insuscetíveis de graça ou anistia", e, embora não fosse necessário, aduziu: "respondendo por eles os mandantes, os executores e os que, podendo evitá-los, se omitirem" deixou implícito que os crimes hediondos deveriam ser infrações penais graves e de elevado potencial ofensivo ao bem jurídico protegido, pois, se lhes impunham sérias proibições e modos de agir.

9. Competia ao Congresso Nacional escolher os crimes que, segundo os congressistas, deveriam ser considerados hediondos. Quase dois anos transcorridos, a lei ainda não havia sido aprovada; mas aconteceu o sequestro de conhecido publicitário, fato a que a mídia deu grande repercussão. O sequestrado era de uma família de destaque social e tinha um membro como deputado federal. Por influência, provavelmente, daquele deputado e ao impacto emocional do acontecimento, o projeto de lei sobre os crimes hediondos, que hibernava no Poder Legislativo, fora aprovado de um dia para o outro, a toque de caixa, estabelecendo como crimes hediondos, *consumados ou tentados*: condutas já tipificadas, cujas penas foram aumentadas, sobretudo, por meio da elevação dos mínimos cominados, que é a forma "mais eficiente" de exacerbar as sanções, pois, em caso de condenação por

qualquer dos crimes hediondos, ainda que se aplique a pena mínima, será ela sempre mais severa do que era antes, em razão dos aumentos feitos pelo art. 6º da Lei nº 8.072, de 25 de julho de 1990.

## 4 Crimes *hediondos* e as leis penais sucessivas e da mesma política criminal

Quatro anos depois da Lei nº 8.072, mais uma vez, ao impacto da repercussão do assassinato de atriz da TV Globo, filha de conhecida novelista da mesma TV, Senhora Glória Perez e, por atuação dessa Senhora, foram obtidas assinaturas em número suficiente (§2º do art. 61 da CF), para apresentação de projeto, que se tornou a Lei nº 8.930/94, segundo a qual passaram a ser crimes hediondos: o homicídio simples quando praticado em atividade típica de grupo de extermínio e o homicídio qualificado, além da epidemia com resultado morte e do genocídio.

## 5 A definição da tortura como crime assemelhado aos hediondos

10. Sempre que ocorre fato criminoso mais alarmante, pela torpeza dos motivos e crueldade dos meios empregados em sua prática ou pela gravidade do dano causado, a imprensa passa a divulgar o crime e a repetir o refrão da impunidade, cobrando a necessidade de penas mais severas. Por sua vez, aparece o parlamentar oportunista, que se diz preocupado com a segurança coletiva, e logo propõe projeto de lei ou ressuscita algum, antes ignorado, que consegue aprovar no calor das emoções, com o aumento de pena ou um novo tipo penal, a partir do que ele e a imprensa dão por liquidada aquela espécie de crime, que nunca mais ocorrerá em razão do rigor da punição prevista naquela nova lei.

11. Para a definição da prática da tortura como crime, tudo transcorreu do mesmo modo, isto é, um acontecimento de repercussão, porque chocante, ocorreu em 1997, consistente, segundo Alberto Silva Franco, em:

> [...] arbitrariedades praticadas por policiais militares na Favela Naval, em Diadema, no Estado de São Paulo, tiveram enorme repercussão, em nível nacional e, até mesmo, internacional. O que, em verdade, não era um fato isolado, mas, sim, uma postura que se repetia com frequência na

ação de policiais, militares ou civis, e que, em medida bem alargada, era tolerada, nos diversos escalões hierárquicos das corporações a que tais policiais pertenciam, passou, subitamente, pelos meios de comunicação de massa, por razões que não ficaram ainda devidamente esclarecidas, a constituir um fato merecedor de reprovação geral.[5]

Mais adiante, diz o mesmo jurista:

Com isso, apressou-se, sem maiores discussões, um dos projetos de lei sobre tortura que dormia, a sono solto, no Senado da República (há notícia de vários projetos de iniciativa de congressistas e de um projeto de iniciativa do Poder Executivo, datado do ano de 1994) e, com rapidíssimas votações, foi transformado na Lei nº 9.455, de 07 de abril de 1997, publicada no *Diário Oficial da União* de 08 de abril de 1997.[6]

A tortura e o terrorismo constituem crimes assemelhados aos hediondos, que deveriam ter sido tipificados como tais, desde quando aqueles outros o foram, isto é, julho de 1990. Mas a tortura somente fora tipificada sete anos depois, isso porque, a nosso ver, não podia interessar, à mesma política criminal que informou o inciso XLIII do art. 5º, a elaboração de uma lei que limitasse o poder de violência e ameaça da autoridade policial. Embora a tortura não tenha sido prevista como *crime próprio*, sua ocorrência é mais frequente como prática de quem tem sob seu poder pessoa que é constrangida, mediante violência ou grave ameaça, pelas mais variadas formas, a declarar, fazer ou deixar de fazer o que quer o torturador. É, pois, uma ação extremamente reprovável, porque prevalecendo-se do poder que lhe é concedido, a autoridade faz dele instrumento do arbítrio e da violência contra as pessoas.

## 6 A falsificação de produtos destinados a fins terapêuticos

12. Ocorrera uma falsificação de produtos destinados a fins terapêuticos ou medicinais a que, como sói acontecer, a imprensa dera amplo e sensacional noticiário. Então, passou, também, a ser considerada crime hediondo a falsificação de produtos destinados a fins terapêuticos ou medicinais (Lei nº 9.677, de 02.07.1998), que já era punível com pena de um a três anos, porém, a mídia, ao invés de continuar interessada em acompanhar o processo para a efetiva punição dos

---

[5] FRANCO; LIRA; FELIX. *Crimes hediondos*, p. 194.
[6] FRANCO; LIRA; FELIX. *Crimes hediondos*, p. 195.

autores do caso concreto, o que fez foi desenvolver intensa campanha, no sentido da cominação de penas mais severas aos autores daqueles crimes, sem dúvida merecedores da maior reprovação social porque, tendo a finalidade de fabricar remédios para curar, estavam fabricando produtos que nenhum efeito terapêutico possuíam e podiam até agravar o estado de saúde dos doentes.

Em razão da campanha, a cominação legal das penas passou de um a três anos para dez a quinze anos. Desta elevação de penas, a imprensa se vangloriou, como sempre, atribuindo tal elevação de penas ao noticiário, que durante vários dias manteve contra aquela falsificação. Enquanto isso, como, também, sempre acontece, esqueceu-se de dar cobertura ao andamento do processo e exigir a punição dos falsificadores com as penas antes previstas, a que estavam sujeitos. Da punição a imprensa não deu notícia...

## 7 Lei nº 12.015 altera a Lei nº 8.072, exacerbando as penas

13. Ultimamente, a Lei nº 12.015, de 07.08.2009, por seu art. 4º, deu nova redação aos incisos V e VI da lei dos crimes hediondos, os quais dispõem sobre o estupro e o atentado violento ao pudor, mantendo-os, unificados, desproporcionalmente, sob as mesmas cominações legais (art. 213, *caput*, CP; e art. 1º, V, *caput*, Lei nº 8.072), equiparada a conjunção carnal, mediante violência, a qualquer outro ato libidinoso, ambos puníveis com pena de seis a dez anos de reclusão, sendo que a só consideração das consequências de cada um destes crimes é o suficiente para evidenciar a desproporção do tratamento penal dado ao atentado violento ao pudor em comparação com o estupro.

## 8 Sistema progressivo de execução da pena – Inconstitucionalidade da obrigatoriedade de cumprimento de pena em regime fechado, sem observância a critério de individualização

14. Estava em vigor a Lei nº 7.209, de 11 de julho de 1984 — Nova Parte Geral do Código Penal —, quando fora promulgada a Lei nº 8.072, dispondo sobre os crimes hediondos. A Nova Parte Geral do Código Penal havia adotado o sistema progressivo de cumprimento das penas (art. 33, §2º), segundo o qual a pena superior a oito anos deveria *começar a ser cumprida em regime fechado* e poderia o condenado ser transferido para regime semiaberto, desde que cumprido um sexto da pena, e

ostentasse bom comportamento carcerário e fosse, por decisão judicial motivada, precedida de manifestações do Ministério Público e do Defensor, concedida a progressão, tendo em vista o mérito do condenado (art. 112 da Lei nº 7.210 – Lei de Execução Penal). A progressão, no regime de execução da pena, teve como objetivo reduzir gradualmente o seu rigor, atendendo à vida pregressa e ao comportamento do condenado, o que, talvez, pudesse contribuir para a mudança do modo de viver, no presente, dentro do presídio e, no futuro, fora dele.

15. Pois bem. Os autores da Lei nº 8.072, partidários do Movimento da Lei e da Ordem, além de aumentarem as penas dos crimes que qualificaram como hediondos, estabeleceram que a pena por tais crimes seria cumprida, *integralmente*, em regime fechado (§1º do art. 2º). Com esta disposição deixava de ser adotado para os crimes hediondos o regime progressivo e era contrariado o art. 5º, inciso XLVI, da Constituição Federal, porque todos os condenados pela prática daqueles crimes ficavam sujeitos, inicialmente, ao *mesmo regime de execução da pena*, independentemente dos antecedentes de cada um e da natureza das circunstâncias subjetivas e objetivas da prática do crime, portanto, ignorava-se a garantia constitucional da individualização da pena.

Como é sabido, a pena é criada pelo Poder Legislativo, aplicada pelo Poder Judiciário e dada a cumprimento pelo Poder Executivo, com a supervisão do Judiciário, mas sempre consiste em uma restrição de direitos ou em perda temporária da liberdade. Por isso, há de ter previsão legal, ser necessária e justa. Para alcançar tais objetivos, o legislador constituinte estabeleceu a anterioridade da lei (art. 5º, XXXIX) e a individualização da pena (art. 5º, XLVI). A observância *da individualização* não pode ser considerada adoção do chamado "direito penal do autor", pois o termo *individualização*, conforme seu próprio significado, é a ação de aplicar a pena, considerando a natureza do fato criminoso, suas circunstâncias, os antecedentes e o motivo do agente, a fim de adequá-la ao fato e à pessoa do indivíduo. Aliás, é impossível pensar um direito penal sem o crime e seu autor, que é a pessoa que agiu: furtando, matando, falsificando, sequestrando, estuprando, corrompendo ou sendo corrompido.

16. Isto posto, não se trata de punir pela "conduta da vida", mesmo porque ninguém é chamado a juízo para responder por sua "conduta da vida", mas, sim, para responder por um fato típico concreto, que teria lesado ou exposto a perigo o bem ou valor objeto da proteção jurídico-penal. O legislador, ao estabelecer a pena e os regimes de seu

OS CRIMES HEDIONDOS E A POLÍTICA CRIMINAL DA "LEI E DA ORDEM" – SEUS REFLEXOS SOBRE A PRESCRIÇÃO... | 19

cumprimento, tem em mente que os indivíduos e os seus crimes não são absolutamente iguais. Por isso, a pena e o regime de seu cumprimento devem observar a garantia constitucional da individualização. Ao estabelecer, para todos os condenados, um só regime para o cumprimento da pena, como foi estabelecido no §1º do art. 2º da Lei nº 8.072, o legislador agiu de modo afrontoso à regra da individualização. Daí, ter o Supremo Tribunal Federal julgado inconstitucional o referido texto da lei.[7] Declarada a inconstitucionalidade do §1º do art. 2º da Lei nº 8.072, vislumbra-se a ação da política da Lei e da Ordem que, a pretexto de compatibilizar a legislação com a decisão da Suprema Corte, concebeu a Lei nº 11.464/2007.

## 9 A suposta compatibilização da Lei nº 11.464 com a Constituição

17. A Lei de nº 11.464/2007 substituiu o malsinado §1º do art. 2º da Lei nº 8.072, determinando que a pena por crime previsto na Lei nº 8.072 *será cumprida, inicialmente, em regime fechado.*

A nosso ver, ao imporem o regime fechado, não fizeram qualquer distinção, nem mesmo em razão da quantidade da pena de cada condenado, logo, o condenado por crime hediondo, qualquer que seja a pena a ser cumprida e seja qual for a natureza do fato criminoso e suas circunstâncias, deverá, sempre, cumpri-la, *inicialmente*, em regime fechado.

Tal disposição padece da mesma eiva de violação da regra constitucional da individualização da pena, porque estabelece o cumprimento da condenação *em regime inicialmente fechado **para todos os condenados*** sem considerar a quantidade da pena, a natureza das circunstâncias que cercaram a prática do fato típico, a personalidade do agente sua motivação e seus antecedentes. É claro que a imposição do regime fechado, ainda que só inicialmente, a todos os condenados por crime hediondo, não pode aplicar-se aos que tenham cometido o crime antes da Lei nº 11.464/2007, os quais estavam sujeitos a regime semiaberto, *se não reincidentes e condenados a pena superior a quatro e não excedente a oito anos* (art. 33, §2º, "b", Código Penal).

Aos condenados por crime hediondo é certo que a Lei nº 11.464 passou a admitir a progressão no regime de cumprimento da pena,

---

[7] STF. HC nº 82.959/SP, Pleno. Rel. Min. Marco Aurélio. Julg. 23.02.2006. *DJ*, 1º set. 2006.

*mas, sempre, a partir do regime fechado*, a que todos os condenados por crime hediondo continuaram sujeitos, e somente poderão progredir após o cumprimento, em regime fechado, de dois quintos da pena, se primários, e três quintos se reincidentes. É evidente a orientação de tornar mais rigorosas as condições para a progressão no regime de cumprimento da pena.

O Superior Tribunal de Justiça, na Súmula nº 471, estabeleceu que: "Os condenados por crimes hediondos ou assemelhados cometidos antes da vigência da Lei nº 11.464/2007 sujeitam-se ao disposto no art. 112 da Lei nº 7.210 (Lei de Execução Penal) para progressão de regime prisional". Quer dizer, para a progressão, basta o cumprimento de um sexto da pena, mas o texto do art. 112 da LEP nada dispõe sobre a natureza do regime em que, *inicialmente*, o condenado cumprirá a pena. Assim, por enquanto, vigora a norma da Lei nº 11.464, segundo a qual todos os condenados por crimes hediondos iniciarão, em regime fechado, o cumprimento da pena, qualquer que seja a quantidade dela e sejam quais forem o fato, suas circunstâncias e a pessoa do agente. Esta disposição contraria a garantia constitucional da individualização, como acima já nos expressamos.

## 10 Livramento condicional e crime hediondo

18. Em se tratando de crime hediondo, o livramento condicional só pode ser concedido, após cumprimento de dois terços da pena, se o condenado não for reincidente específico *em crime dessa mesma natureza* (art. 83, V, Código Penal) e *se satisfeitas as demais condições para concessão do benefício* (art. 83, III, IV e parágrafo único, CP). No inciso V do art. 83, ressuscita-se a "reincidência específica" figura do texto primitivo do art. 46, §1º, II, do Código Penal de 1940.

Não se tratando de crime hediondo, o livramento condicional é concedido, segundo o Código Penal vigente, após o cumprimento de um terço da pena, se o condenado não for reincidente, e, se reincidente em crime doloso, após cumprimento de metade da pena (art. 83, I e II c/c parágrafo único).

## 11 A Lei nº 8.072 e a proibição da graça e do indulto

19. Além de tudo isso, a Lei nº 8.072, não admite fiança, anistia, graça e indulto. Embora a Constituição não se tenha referido ao indulto

no inciso XLIII do art. 5º, respeitáveis penalistas têm sustentado que, tendo o texto proibido a graça, tal proibição abrangeria o indulto.[8] Este entendimento equipara o indulto à graça. Permitimo-nos divergir porque, ao serem tratados no mesmo texto um seguido de outro (art. 108, II, Código Penal de 1940; e art. 107, II, Lei nº 7.209, de 11.07.1984 – Nova Parte Geral), é evidente que se referem a institutos diferentes, pois não seria de boa técnica empregar duas denominações para um mesmo instituto, fazendo uma literária sinonímia.

A graça tem por objeto fazer a Justiça que o rigor da lei não permitiria, sendo individual, para concedê-la a autoridade pode considerar razões pessoais e circunstâncias sociais particulares. A concessão pode atender aos padrões de valor da sociedade ao tempo do pedido, cujo juízo de reprovação pode não ser o mesmo da época do fato. O Prof. Paulo José da Costa Júnior caracteriza a graça como "medida de clemência individual", e o indulto medida de caráter coletivo, explicando que este "abrange um grupo de condenados, seguindo determinados critérios subjetivos (primariedade etc.) e objetivos, como a duração da pena imposta e o cumprimento de parte dela, a exclusão dos autores de certas práticas criminosas e assim por diante".[9]

---

[8] Cf. GRECO, Rogério. *Curso de Direito Penal*. Niterói: Impetus, 2002. v. 1, p. 692; DOTTI, René Ariel. *Curso de Direito Penal*: Parte Geral. 3. ed. São Paulo: Revista dos Tribunais, 2010. p. 767; e MIRABETE, Júlio Fabbrini. *Manual de Direito Penal*. 6. ed. São Paulo: Atlas, 1991. v. 1 - Parte Geral. p. 365.
Luiz Regis Prado diz que indulto e graça não se confundem, e transcreve texto segundo o qual os crimes hediondos são insuscetíveis da graça e do indulto citando, ao fim do texto: art. 5º, XLIII; art. 2º, I, da Lei nº 8.072/1990; e art. 1º, §6º, da Lei nº 9.455/1997 — sem fazer qualquer restrição ao teor dos ditos textos (*Curso de Direito Penal brasileiro*. 9. ed. São Paulo: Revista dos Tribunais, 2010. v. 1 - Parte Geral. p. 656).
Guilherme de Souza Nucci refere-se a "graça ou indulto individual", pois acrescentou ao indulto o adjetivo "individual". Desde logo, vê-se que não os distingue e considera correto constar da Lei de Execução indulto individual (art. 188) e indulto coletivo (art. 193) e parece-lhe perfeitamente adequada a proibição feita no art. 2º, I, da Lei nº 8.072 (*Código Penal comentado*: versão compacta. São Paulo: Revista dos Tribunais, 2009. p. 438).

[9] COSTA JÚNIOR, Paulo José da. *Comentários ao Código Penal*. São Paulo: Saraiva, 1987. v. 1 - Parte Geral. p. 482.
Este é, também, o modo de tratar a matéria por parte de vários autores: JESUS, Damásio Evangelista de. *Comentários ao Código Penal*. São Paulo: Saraiva, 1985. v. 2, p. 819; JESUS, Damásio Evangelista de. *Direito Penal*. 15. ed. São Paulo: Saraiva, 1991. v. 1 - Parte geral. p. 605; FRAGOSO, Heleno Claudio. *Lições de Direito Penal*: a nova parte geral. 7. ed. Rio de Janeiro: Forense, 1985. p. 419; e MESTIERI, João. *Teoria elementar do Direito Criminal*: parte geral. Rio de Janeiro: Ed. do Autor, 1990. p. 387.
Nelson Hungria diz que anistia, graça e indulto apresentam "várias diferenças" (*Novas questões jurídico-penais*. Rio de Janeiro: Ed. Nacional de Direito, 1945) e, no seu *Anteprojeto de Código Penal* (Rio de Janeiro: Departamento de Imprensa Nacional, 1963. p. 25), no art. 107, II, colocou a *extinção da punibilidade* "pela anistia, graça ou indulto", mantendo a orientação do Código Penal de 1940, de cuja Comissão Revisora participara.

Alberto Silva Franco, como sempre, deu a seguinte e exata colocação ao problema:

> Embora reine na legislação penal brasileira uma certa imprecisão na fixação dos limites entre os conceitos de graça e de indulto, força é convir que a área de significado desses conceitos pode ser devidamente demarcada. Graça é benefício que deve ser solicitado pelo interessado, embora o Chefe do Executivo possa concedê-la espontaneamente; já o indulto é ato de vontade discricionária do Presidente da República. Além disso, é a graça favor individual e pessoal (determinado), que se destina a um ou mais condenados, desde que devidamente individualizados. Visa, portanto, a pessoa de certo condenado ou de certos condenados. Já o indulto é coletivo e pessoal (indeterminado) comutando (total ou parcialmente penas) de condenados que se encontrem na situação político-jurídica estabelecida no ato normativo. Vale ressaltar que a Lei de Execução Penal (art. 188 *et seq.*), anterior à lei dos crimes hediondos, substituiu a expressão graça por indulto individual, o que não impediu que na Lei nº 8.072/90 voltasse a empregá-la de novo. De qualquer modo, há, na atualidade, uma equivalência entre as duas expressões (graça e indulto individual), equivalência esta não admitida entre a graça e indulto coletivo.[10]

20. A graça e o indulto foram concebidos pelo legislador brasileiro de 1940 e adotados pelo de 1984 como institutos distintos, cujo procedimento específico não é o mesmo, sendo a graça, além de individual, concedida, em regra, a pedido, e o indulto, além de coletivo, é concedido independentemente de pedido. No Brasil, o Conselho Nacional de Política Criminal e Penitenciária vem elaborando os projetos dos decretos do chamado "indulto natalino", a serem submetidos ao Presidente da República para concessão, o que ocorre por ocasião do Natal. Tais decretos podem corrigir equívocos legais, reduzir efeitos da condenação, individualizar regime de cumprimento da pena, fazer aplicação de lei nova mais benéfica, etc.

Em princípio, o indulto, em regra, tem uma justificativa técnica e não deve ser mero ato de clemência ou simples e puro perdão. É certo que a Lei de Execução ignorou a existência da graça, embora seu nome conste do próprio texto constitucional que criou os crimes hediondos e esteja, também, no inciso II do art. 107 do Código Penal. Não obstante, no Título VII da LEP, onde são disciplinados os "incidentes da execução", o Capítulo III está intitulado "Da Anistia e do Indulto" este aqui,

---

[10] FRANCO; LIRA; FELIX. *Crimes hediondos*, p. 289.

sem adjetivação; mas, posteriormente, o legislador resolveu adjetivá-lo como "individual", porque deu-lhe a forma de *requerido*, peculiar à graça, e daí teve que qualificar o indulto como *coletivo* (art. 188 da LEP), cuja concessão independe de requerimento, distinguindo-se da graça.

21. O fato de a Constituição Federal ter atribuído ao Presidente da República a concessão do indulto e não se referir à graça, *não pode desnaturar o instituto*, que sempre foi de natureza coletiva, para fazê-lo "de natureza individual", como se fosse a graça. Não é de estranhar-se que tenham os mesmos constituintes, que conceberam os crimes hediondos, terem negado ao Presidente da República o poder de conceder a graça, sob a inspiração da política da Lei e da Ordem, por considerarem inconveniente o poder de agraciar, como o consideraram, no passado, Ruy Barbosa e João Barbalho, entre outros, pelas razões que apresentaram.[11]

Afinal, é evidente a influência do Movimento da Lei e da Ordem no legislador penal brasileiro, mediante a agravação das penas e a nova forma de definir alguns dos crimes, além do aumento do tempo exigível para a concessão do livramento condicional e para a progressão de um regime mais severo de cumprimento da pena para outro mais brando.

## 12 A influência no Direito Processual Penal

22. No âmbito do direito processual se faz, também, sentir, de modo ostensivo, a política da Lei e da Ordem. Logo de início, no inquérito policial por crime hediondo, presente está o rigor do tratamento, pois, enquanto a prisão temporária que, na Lei nº 7.960, só pode ser decretada por cinco dias prorrogáveis por mais cinco, na Lei nº 8.072, terá o prazo de 30 dias prorrogáveis por igual período. Como sabido, a prisão temporária pode, em seguida, ser transformada em prisão preventiva.

Em caso de sentença condenatória, o juiz decidirá fundamentadamente se o réu pode apelar em liberdade. Quer dizer que a regra é manter-se o condenado preso, enquanto aguarda o processo e julgamento de sua apelação contra a sentença condenatória.

Isto posto, se a prisão temporária, após 60 dias, for transformada em prisão preventiva, vindo o acusado a ser condenado e o juiz não lhe permitindo apelar em liberdade, ainda que venha a ser considerado inocente pelo Tribunal, terá cumprido longo período de privação da

---

[11] *Apud* MACEDO, Raimundo. *Da extinção da punibilidade*. Rio de Janeiro: Revista Forense, 1946. p. 78.

liberdade, consequência do sabidamente moroso andamento do processo, desde o inquérito até o julgamento de recurso. Após a vigência desta draconiana lei dos crimes hediondos e seguindo a sua linha de política criminal outras leis vieram ou estão a caminho, como se passa a demonstrar mencionando algumas.

## 13 A Lei nº 12.850 de 02.08.2013 – Ação controlada – Delação premiada – Infiltração nas organizações criminosas – Interceptação de comunicações telefônicas e outras

23. A Lei nº 12.850, de 02.08.2013, revogou a Lei nº 9.034, de 03.05.1995, que dispunha sobre a utilização de meios operacionais para prevenção e repressão de ações praticadas por quadrilha ou bando ou organizações ou associações criminosas de qualquer tipo. Não obstante a Lei nº 9.034 tenha disposto sobre meios de prova das atividades de organizações criminosas, ainda não havia uma definição legal de tais organizações. A Lei nova, em sua ementa, diz:

> *Define organização criminosa* e dispõe sobre investigação criminal, os meios de obtenção de prova, infrações correlatas e o procedimento criminal, altera o decreto-lei 2.848, de 7 de dezembro de 1940 (Código Penal), revoga a lei 9.034, de 3 de maio de 1995; e dá outras providências. (grifos nossos)

Em verdade, não há *definição **típica***, propriamente dita, de organização criminosa. O tipo penal que a Lei nº 12.850 criou foi o de:

> *Promover, constituir, financiar* ou *integrar*, pessoalmente ou por interposta pessoa, organização criminosa. (grifos nossos)

É um tipo de ação múltipla, a prática de qualquer das ações indicadas pelos verbos da descrição típica sujeita o agente à pena de três a oito anos, sem prejuízo das penas correspondentes às demais infrações penais cometidas.

Está sujeito às mesmas penas "quem de qualquer forma embaraça investigação de infração penal que envolva organização criminosa". A pena pode ser aumentada até a metade se houver emprego de arma de fogo na atuação da organização criminosa.

De fato, na lei, a organização criminosa, em si e por si, não é típica, mas tudo gira em torno dela, em razão disso, impunha-se saber em que consistia, sob pena de tornar-se um *elemento normativo do tipo*, cuja aplicação ficaria na dependência de um juízo de valor do magistrado ou do interprete, o que geraria insegurança. Daí ter resolvido o legislador declarar, expressamente, o que se deva entender por organização criminosa, fazendo constar que:

> Considera-se organização criminosa a associação de quatro ou mais pessoas estruturalmente ordenada e caracterizada pela divisão de tarefas, ainda que informalmente, com o objetivo de obter, direta ou indiretamente, vantagem de qualquer natureza, mediante a prática de infrações penais cujas penas máximas sejam superiores a quatro anos, ou que sejam de caráter transnacional.

Em face do exposto, só serão puníveis as ações correspondentes aos verbos típicos do art. 2º da lei, se forem praticadas tendo por objeto a "organização criminosa" acima descrita. O tipo do art. 2º tem a natureza jurídica de uma norma penal em branco, que somente se aplica integrada pelo conceito supra de organização criminosa, que independe de outro juízo de valor, porque se trata de norma estabelecida para integração do tipo do art. 2º da lei. Quer dizer, deve-se punir quem "promover ou constituir" uma organização com as características acima descritas, ou, ainda, quem "financiar" organização que tal ou integrá-la. Não restou, portanto, qualquer ação que, sem ser punível, possa ser praticada pessoalmente ou por interposta pessoa *em* ou *para* organização criminosa.

Embora não se tenha definido a dita organização, na forma de tipo autônomo, a técnica legislativa adotada torna impossível, a longo prazo, a "sobrevivência da organização descrita", já que não pode ser *integrada* ou *financiada*. Nem será possível a criação de outras organizações criminosas, porque pressuporia a ação de "promovê-la" ou "constituí-la", o que seria, também, punível.

A partir do momento que, no caso concreto, trate-se de uma "organização criminosa", tal como acima caracterizada, podem ser desencadeados os meios de investigação ou de obtenção de provas, dentre os quais destacam-se: a *delação premiada*; a *infiltração na organização criminosa de agentes policiais em tarefa de investigações*; a *ação controlada*; a *interceptação de comunicações telefônicas e telemáticas, nos termos da legislação específica*; *quebra de sigilos financeiro, bancário e fiscal, nos termos da legislação específica*; *acesso a registros de ligações telefônicas e telemáticas*.

É amplo o raio de alcance do poder e dos instrumentos cujo uso é permitido à autoridade para a investigação e a obtenção de provas do crime organizado. É de temer-se o abuso, consistente na precipitação da autoridade em admitir, por exemplo, uma "denúncia anônima" — como já ocorreu e o STJ repeliu — ou qualquer indício suficiente para considerar o fato como se fosse uma *organização criminosa*, a fim de sentir-se autorizada a dispor dos meios amplos para a investigação.

24. De certo tempo a esta parte, todo fato, que envolvesse mais de três pessoas, passava a ser — pela mídia e até por operadores do Direito — considerado "quadrilha ou bando" e até mesmo como crime cometido por "organização criminosa".

É que, para o noticiário espetacular, não interessa saber, tecnicamente, o que seja, realmente, "quadrilha ou bando" ou mesmo "organização criminosa", sendo que, agora, a Lei nº 12.850 que, em sua ementa, anunciou o propósito de "definir organização criminosa", deu-lhe conceito, como acima demonstrado. Tornou-se elemento complementar do tipo do art. 2º da Lei nº 12.850, sem o qual aquele tipo é inaplicável.

Os procedimentos, para obtenção de provas sobre os crimes referidos à organização criminosa, revelam, também, a política da lei e da ordem, mencionada nos itens 3 e 4 *supra*. A "ação controlada" consiste em retardar a intervenção policial, para reunir mais elementos de prova sobre as atividades criminosas de determinada organização e aguardar, para agir, "o momento mais eficaz do ponto de vista da formação de provas e fornecimento de informações" (art. 8º da lei).

25. Introduziu-se no ordenamento jurídico-penal brasileiro a *delação premiada*, segundo a qual o criminoso, que integrava a Organização Criminosa, se confessar sua participação e informar sobre as atividades da Organização e de seus integrantes, em troca poderá obter redução da pena em até dois terços ou mesmo a substituição da pena, podendo chegar a obter o perdão. Além disso, nas hipóteses do art. 4º, o Ministério Público poderá deixar de oferecer a denúncia, se o colaborador não for o líder da organização criminosa ou for o primeiro a prestar efetiva colaboração nos termos da lei (art. 4º, §4º).

Tudo isso, quando, *por colaboração espontânea, o agente criar* condições para a identificação dos demais coautores e partícipes da organização criminosa e contribuir para a apuração das infrações penais por eles praticadas; informar sobre estrutura hierárquica e a divisão de tarefas da organização criminosa; sobre prevenção das infrações penais decorrentes das atividades da organização e concorrer para a recuperação total ou parcial do produto ou do proveito das infrações penais, localização de eventual vítima com a integridade física preservada.

Para que tenha coragem de delatar o que souber, sem medo de vingança, assegura-se-lhe uma proteção especial, instituída pela Lei nº 9.807, de 13 de julho de 1999.

Mas, conhecendo-se, como se conhece, o *instinto de conservação*, ínsito, sob a forma de defesa, até nos animais irracionais, é de imaginar-se o que a criatura humana, ameaçada de penas gravíssimas, pode ser levada a fazer para salvar-se da severidade das sanções. Não há lei que modifique o instinto de defesa da criatura humana.

O condenado por crime em organizações criminosas, tal como nos crimes hediondos, iniciará o cumprimento da pena em regime fechado e não poderá apelar em liberdade.

26. Além da delação premiada, permitiu-se a *infiltração* nas organizações criminosas por agentes de polícia em tarefas de investigação. O agente policial, se conseguir infiltrar-se, tornar-se-á suspeito pela Organização, *se não participar efetivamente dos crimes dela*; e não há como estabelecer-se *até que ponto a participação poderá ser útil, sem ser criminosa e sem colocar o agente policial em risco de vida*.

Winfried Hassemer, o notável Professor de Direito Penal da Universidade de Frankfurt, na Alemanha, em conferência pronunciada, em 1993, no Instituto Brasileiro de Ciências Criminais, referindo-se a que, em seu país, "utilizam-se cada vez mais investigadores disfarçados, introduzidos em grupos criminosos", disse:

> Atualmente estamos discutindo se esses investigadores infiltrados podem cometer delitos próprios dos grupos em que se infiltram. A questão é simples: sempre que um novato ingressa nesses grupos é posto à prova, ou seja, atribuem-lhe a realização de determinados crimes para comprovar sua lealdade e capacidade. Por isso, a Polícia sustenta que esses investigadores infiltrados nas quadrilhas precisam ter permissão para praticar delitos próprios do grupo onde se encontram. Mas até onde iria essa permissão? Até onde iria esse limite? A Polícia tem um limite, o limite do Estado de Direito, mas os grupos criminosos não têm limite.

E concluiu o consagrado mestre:

> Por isso afirmamos que esses métodos, juntamente com a escuta telefônica, que aumenta dia a dia (num único processo em Frankfurt foi feita a escuta de trinta e seis mil telefonemas) precisam ser repensados. É preciso refletir quando falamos em métodos modernos de investigação policial.[12]

---

[12]  HASSEMER, Winfried. Perspectivas de uma moderna política criminal. *Revista Brasileira de Ciências Criminais*, v. 2, n. 8, p. 47, out./dez. 1994.

## 14 A interceptação de comunicações para prova em investigação criminal

27. A quebra de sigilos financeiros, bancários e fiscais e o acesso a dados particulares da pessoa, previstos na Lei nº 12.850, como meios de prova, são subordinados à legislação específica, tal como a interceptação telefônica, que é regida pela Lei nº 9.296, de 24 de julho de 1996, consistente em norma que dá cumprimento à disposição da parte final do inciso XII do art. 5ºda Constituição. Contudo, pode tornar-se, pelos abusos a que dá oportunidade, violação de direitos de terceiros, que nada têm a ver com o crime objeto de investigação.

Além do mais, a fundamentação temerária dada ao pedido de autorização judicial ou a infidelidade no emprego dos meios de realização da diligência pode causar graves prejuízos individuais, morais e materiais. A matéria chegou a preocupar o Conselho Nacional de Justiça, que baixou a Resolução nº 59, de 09 de setembro de 2008, que "disciplina e uniformiza as rotinas visando ao aperfeiçoamento do procedimento de interceptações telefônicas e de sistema de informática e telemática dos órgãos jurisdicionais do Poder Judiciário". Esta Resolução sofreu alterações, mas o seu texto consolidado foi publicado no *DOU* em 05 nov. 2009.

Por sua vez, o Conselho Nacional do Ministério Público, pela Resolução nº 36, dispôs sobre o pedido e a utilização da interceptação telefônica. Um e outro procurando disciplinar o pedido de interceptações telefônicas e de utilização das mesmas.

A Lei nº 12.850, em seu art. 24, deu nova rubrica e outra definição ao art. 288, do Código Penal, cujo tipo passa a chamar-se "Associação Criminosa" e pode integrar-se por *três* ou *mais* pessoas, mantida a mesma cominação de pena, mas pode ser aumentada até metade se a associação é armada ou se houver a participação de criança ou adolescente.

Alterou-se, no art. 342 do Código Penal, no crime de "falso testemunho ou falsa Perícia", a cominação legal da pena, que era de um a três anos e passa a ser de dois a quatro anos.

As interceptações telefônicas têm suscitado problemas sérios não só no Brasil, mas, também na Alemanha como informou o Prof. Hassemer. E, recentemente, na Inglaterra, o chefe da Scotland Yard, envolvido em escutas telefônicas feitas durante anos pelo tabloide *News of the World*, renunciou ao cargo e o jornal fora fechado.

## 15 A Lei nº 10.792 e a tentativa de reabilitar a "cela surda"

28. Sob a influência da malsinada política criminal, surgiu, também, a Lei nº 10.792, de 1º de dezembro de 2003, que instituiu o chamado

"Regime Disciplinar Diferenciado", identificado pelas iniciais RDD, que consiste no recolhimento em cela individual, por 360 dias (art. 52, I e II, da Lei de Execução Penal), sem prejuízo de repetição da sanção por nova falta grave da mesma espécie até o limite de um sexto da pena aplicada. O preso poderá receber visitas semanais de duas pessoas, sem contar as crianças, e terá direito a duas horas diárias para banho de sol.

O Regime Disciplinar Diferenciado será aplicado ao condenado pela prática de crime doloso, quando ocasione subversão da ordem ou da disciplina internas. Pode este regime, segundo a lei, ser imposto, também, ao preso provisório. A lei não esclarece qual o crime, cuja prática dolosa pode ensejar a adoção do RDD.

Quando ainda se discutia a adoção do que se chamou Regime Disciplinar *de Segurança Máxima*, e seus autores haviam chegado a propor que o isolamento em cela individual pudesse durar até setecentos dias, o Prof. Nilo Batista escreveu, sob o título "A reabilitação da cela surda",[13] oportuno artigo, que foi verdadeira pá de cal sobre a tentativa de prever isolamento por 360 dias prorrogáveis por outro tanto. Dizia o Professor: "Hoje, quando se procura reabilitar a cela surda, é impressionante constatar que o prazo máximo pretendido é exatamente igual ao prazo máximo do 'isolamento celular' preconizado pelo Código Penal de 1890: 'dois anos'".

29. O referido artigo do Prof. Nilo Batista não comporta citação, a não ser por transcrição integral, em razão de seu mérito; contudo, não consigo fugir à tentação de referir-me a trechos do artigo nos quais o Professor se refere à obra de um tal Desembargador A. Bezerra de Moraes, cuja primeira edição foi de 1900 — "um ano após ter ele participado do Congresso da *Société Générale des Prisons*". O dito desembargador escrevera: "o que atrapalha a implantação da prisão celular não era apenas 'a falta de estabelecimentos apropriados', mas, 'principalmente o sentimentalismo feminil' e um certo preconceito contra 'o melhor dos sistemas penitenciários'". O Prof. Nilo esclarece que aquele Desembargador: "visitara a penitenciária de Louvain, cujas sanções disciplinares contemplavam o 'jejum a pão e água' e a 'reclusão em cela escura com ou sem jejum'" — isto, sim, ironiza o professor: "ciência penitenciária pura, exata gradação das dores penais".

Mas o ponto alto da obra do Desembargador "é a transcrição de trechos do Relatório que um médico francês, Augusto Voisin, fez *sobre o estado intelectual, moral e físico* dos internos de St. Giles, Louvain e

---

[13] BATISTA, Nilo. A reabilitação da cela surda. *Boletim IBCCRIM*, v. 11, n. 131, p. 1-2, out. 2003.

Malines". Comenta o Professor: "passando ao lado de tantos aspectos trágicos desse Relatório, como a demonstração da boa saúde dos internos pela comparação do peso total de um grupo, como se de gado se tratasse, ou como a delicada questão das alienações mentais fomentadas pelo isolamento, detenhamo-nos sobre os suicidas". Aí, segundo o médico francês, "dos 34 casos de suicídio na penitenciária de Louvain, 20 ocorreram no primeiro ano do isolamento, 04 entre o primeiro e o segundo ano e 10 após o segundo ano. Mas toda a arte do alienista francês será colocada em demonstrar que os únicos responsáveis por estas mortes foram os próprios suicidas. Acompanhemos as enxutas anamnésias que o Dr. Voisin legou aos apreciadores de prisão celular de todos os séculos".

Em seguida, Nilo Batista transcreve ditas anamnésias, cuja leitura faria rir, se não fossem trágicas.[14]

## 16 A lei elitista e o aumento da pena dos crimes de corrupção ativa e passiva

30. A Lei nº 10.763, de 12 de novembro de 2003, condicionou a progressão no regime de cumprimento da pena a que o condenado tenha reparado o dano que causou ou devolva o produto do ilícito praticado, com os acréscimos legais. Sem duvida é conveniente e compreensível que se pretenda reparar o dano causado pelo delito, como se fez, por exemplo: no Código Penal, art. 83, IV, art. 94, III; e na Lei nº 9.099, art. 89, §1º, mas, *com a ressalva da absoluta impossibilidade de reparação por parte do acusado.*

Não pode a exigência legal da reparação, sem ressalva, tornar, definitivamente, inviável a progressão, por exclusivo motivo de ordem econômica, sob pena de tornar-se a exigência elitista, por só beneficiar aos condenados que tenham recursos financeiros disponíveis. O que bem traduz o rigor *"especial"* da política criminal adotada. A mesma lei elevou a pena mínima do crime de corrupção passiva de um a oito anos para dois a doze anos, mantendo multa; bem como elevou, nos mesmos quantitativos, as penas do crime de corrupção ativa. Nisso se revela o simplista critério dessa política criminal, que supõe evitar o crime grave pela cominação de pena grave. Agravam-se as penas, mas não se cogita de prever qualquer medida que seja capaz de fazer aplicar a lei, isso sim, e não a exacerbação de penas, poderia evitar a impunidade.

---

[14] Cf. BATISTA. A reabilitação da cela surda. *Boletim IBCCRIM*, p. 1-2.

# 17 A Lei nº 10.826 desarma os de conduta correta e deixa os bandidos armados

31. Quanto ao Estatuto do Desarmamento — Lei nº 10.826, de 22 de dezembro de 2003 — não há duvida de que seria uma boa medida se, antes de exigir dos cidadãos honrados entrega de suas armas, fossem tomadas as dos bandidos. Faz lembrar a piada, divulgada pelos adversários políticos do Ex-Governador Benedito Valadares, segundo a qual ele teria dito em discurso: "no meu Governo vai haver liberdade, porque vou soltar os presos e prender os soldados".

A verdade é que, na vigência do Estatuto do Desarmamento, os bandidos continuam armados e bem cientes de que os cidadãos de boa conduta estão desarmados e aconselhados, publicamente, pelas autoridades policiais, a não reagirem quando assaltados, o que é do maior agrado para os assaltantes...

# 18 A Lei nº 12.683, que altera a Lei nº 9.613, sobre lavagem de dinheiro

32. A Lei nº 12.683, de 09 de julho de 2012, desde a sua ementa, revela a linha de política criminal a que está filiada, pois consta como sua finalidade alterar a Lei nº 9.613, de 03 de março de 1998, "para tornar mais eficiente a persecução penal dos crimes de lavagem de dinheiro". Este crime consiste em ocultar ou dissimular a natureza, origem, localização, disposição, movimentação ou propriedade de bens, direitos ou valores provenientes, direta ou indiretamente, de infração penal. Aqui já se mostra o amplo espaço aberto para que, em tese, se considere praticado o crime de lavagem de dinheiro, pois, a primeira alteração introduzida pela nova lei foi, precisamente, a de referir-se a "infração penal" onde a Lei nº 9.613 referia-se a "crime". Então fora revogado o rol de crimes que podiam ser considerados antecedentes para os fins da Lei nº 9.613, com o que, agora, qualquer infração penal — crime ou contravenção — pode vir a ser considerada "infração antecedente", para os efeitos da lei, com a redação que lhe fora dada.

Não só na comunidade jurídica internacional, mas, também, em nosso país, por decisões e obras escritas pelos cultos Juízes Federais, responsáveis pelas Varas especializadas, além de outros notáveis autores, tem prevalecido o entendimento de que a melhor forma de luta contra o crime de lavagem de dinheiro *é atingir seus autores*, mediante medidas como indisponibilidade e apreensão dos bens que sejam localizados e o confisco final ou perda em favor da União ou dos Estados, conforme a competência pelo lugar do crime.

Para alcançar os seus objetivos de tornar mais eficiente a persecução penal do crime de lavagem de dinheiro, a Lei nº 12.683 alterou a de nº 9.613 inclusive quanto ao texto do art. 2º, §2º, desta última, que havia declarado inaplicável à lavagem de dinheiro o art. 366 do CPP, isto é, desacolhia a suspensão do processo, se o acusado citado não comparecesse; mas, não previa o que em seguida devia acontecer; sendo que a nova lei completou o sentido daquele texto, dando-lhe a seguinte redação:

> No processo por crime previsto nesta lei, não se aplica o disposto no art. 366 do Decreto-Lei nº 3.689, de 03 de outubro de 1941 [Código de Processo Penal], devendo o acusado que não comparecer nem constituir advogado ser citado por edital, prosseguindo o feito até o julgamento, com a nomeação de defensor dativo.

Vê-se aí que, com o objetivo de combater a lavagem de dinheiro, chega-se ao extremo de, *em processo instaurado como criminal*, acabar em condenação *para o fim exclusivo de confiscar os bens apreendidos, sendo certo que "ação penal" não era utilizada exclusivamente como instrumento próprio para tal finalidade.*

33. Na verdade, segundo as próprias palavras usadas no Capítulo II da lei, as *disposições processuais*, nela previstas, seriam *especiais*. E, de fato, foram muito "especiais"; porque, embora dito "que obedecem as disposições relativas ao procedimento comum" (art. 2º, inciso I), *pouco adiante*, no §1º do mesmo art. 2º estabeleceu-se que: "A denúncia será instruída com indícios suficientes da existência da infração penal antecedente, sendo puníveis os fatos previstos nesta lei, ainda que desconhecido ou isento de pena o autor, ou extinta a punibilidade da infração penal antecedente".

Exige-se que a denúncia seja instruída com indícios suficientes da existência da infração penal antecedente, porém, ainda que se saiba de indícios da *existência da infração penal antecedente*, não é possível oferecimento de denúncia, se o autor é "desconhecido". O crime é uma ação ou omissão que, como é óbvio, pressupõe conduta de criatura humana, para que possa ocorrer. Se, de fato, o objetivo da persecução fosse mesmo o de punir o lavador de dinheiro com sanção *penal*, impor-se-ia, ao invés de se declarar inaplicável o art. 366 do CPP, permitir-se a suspensão do andamento do processo, por prazo razoável, a fim de proceder-se a uma séria e hábil investigação sobre se os bens apreendidos eram, realmente, de origem ilícita, apurando-se a infração penal a que fossem vinculados e descobrindo-se as manobras para dar-lhes aparente licitude, mediante ocultação ou dissimulação, localização, disposição e movimentação.

É certo que o processo por crime de lavagem poderia instaurar-se *sendo desconhecido ou isento de pena ou extinta a punibilidade **do autor da infração antecedente**,* mas a denúncia, no processo por crime de lavagem, não teria como ser, sequer redigida, se desconhecido o autor deste crime, porque faltariam a tal denúncia os requisitos do art. 41 do Código de Processo Penal, portanto, haveria frontal ofensa à garantia constitucional do "devido processo legal".

Não há na Lei nº 9.613 previsão de *citação inicial* do autor do crime antecedente, dando-se andamento ao processo, como se o acusado tivesse sido procurado para citação, não sendo encontrado, teria sido citado por edital, prosseguindo-se no feito, com a nomeação de defensor dativo, até o julgamento com a condenação. Em tais circunstâncias, não é concebível, no devido processo criminal, chegar-se à condenação de acusado, não apenas ausente, pois não se sabe sequer se existe.

34. Sérgio Fernando Moro, Professor de Processo Penal da UFPR, magistrado de reconhecido saber jurídico e respeitada experiência na área dos crimes contra o sistema financeiro nacional e a lavagem de dinheiro, após algumas considerações sobre o artigo 2º, §2º, da Lei nº 9.613, concluiu que:

> De todo modo, é forçoso reconhecer que o julgamento na ausência do acusado pode justificar-se *quando houver bens apreendidos ou sequestrados no processo. A única maneira de possibilitar o confisco desses bens é permitir a continuidade do processo, o julgamento e seu eventual confisco.* Certamente, o confisco do produto do crime também é pertinente para outras modalidades delitivas. Entretanto, a criminalização da lavagem de dinheiro *tem por principal objetivo incrementar as possibilidades de confisco do produto do crime,* sendo razoável permitir a continuidade do processo penal, mesmo na ausência do acusado, quando existirem bens apreendidos ou sequestrados no processo, já que ela viabilizará oportunidade para o confisco. *Fora dessas circunstâncias, o dispositivo é de duvidosa constitucionalidade,* por estabelecer um tratamento diferenciado em relação ao regime geral, sem justificativa suficiente.[15] (grifos nossos)

---

[15] MORO, Sérgio Fernando. *Crime de lavagem de dinheiro.* São Paulo: Saraiva, 2010. p. 96-97.

Para o talentoso Juiz e Professor, a continuidade do processo penal, na ausência do acusado, só é razoável se existirem bens apreendidos, porque, no seu entendimento, a continuidade do processo *é a única maneira de possibilitar o confisco dos bens*. Nesta justificativa, prevaleceram razões de política criminal, podendo-se deduzir do ponto de vista de S.Exa., que, sem bens apreendidos, "o dispositivo é de duvidosa constitucionalidade"; ao que nos permitimos acrescentar: não, apenas, por estabelecer um tratamento diferenciado em relação ao regime geral, mas, sobretudo, porque este tratamento diferenciado constituiu inequívoca ofensa a normas constitucionais fundamentais, cujo dever de observância os próprios tratados ou convenções internacionais sempre procuraram fazer constar nos textos e nem poderiam deixar de fazê-lo.

Não obstante o peso da autoridade do autor supracitado, ousamos divergir, por entender que é manifesta a inconstitucionalidade do processo e julgamento na ausência do acusado, por violar o "devido processo legal", mas, também, porque contraria a "presunção de inocência", condenando a quem não se teve oportunidade de ouvir, porque nem mesmo se sabe se existe e sequer qual seja "sua qualificação ou esclarecimentos pelos quais se possa identificá-lo", que é o mínimo exigido no art. 41 do CPP como requisito para a denúncia e o processo em ações penais.

35. O próprio Prof. Sérgio Fernando Moro, embora, na obra organizada em 2007,[16] tenha feito severa crítica à presunção de inocência, propondo-se, em outro trabalho, a que não tive condição de acesso, demonstrar o que considera equívoco, isto é, a exigência do trânsito em julgado de condenação para que cesse o "direito da espécie".

Mas, em seu livro, editado em 2010, escreveu:

> A presunção de inocência é o princípio cardeal do processo penal em um Estado Democrático de Direito. É o alicerce sobre o qual todo o sistema normativo processual penal é construído. Está consagrado expressamente na CF/88 e ainda no Direito Comparado em geral, pelo menos de índole liberal-democrática, e inclusive em diversos tratados internacionais de direitos humanos.[17]

---

[16] MORO, Sérgio Fernando. O processo penal no crime de lavagem. *In*: BALTAZAR JUNIOR, José P.; MORO, Sérgio Fernando (Coord.). *Lavagem de dinheiro*: comentários à lei pelos juízes das varas especializadas em homenagem ao Ministro Gilson Dipp. Porto Alegre: Livraria do Advogado, 2007. p. 126.

[17] MORO. *Crime de lavagem de dinheiro*, p. 134.

Este texto faz pensar que a restrição de S.Exa. "parece" ser, apenas, quanto à exigência de trânsito em julgado da sentença condenatória, para que se considere afastada a presunção de inocência. "Parece" porque, em seguida, o ilustre professor, em 34 páginas, desenvolve erudita análise histórica e de direito comparado e internacional, no qual vincula a presunção de inocência à matéria de prova e passa a conceber o que denomina "standards" de provas variados: para medidas cautelares, prisão preventiva e outras prisões provisórias, recebimento de denúncia, valoração das circunstâncias do art. 59, enfim admite variáveis "standards" de provas, em função da natureza da decisão a ser proferida, contudo, o extenso e bem elaborado estudo não seria de modificar o juízo emitido por S.Exa. sobre a "presunção de inocência", à p. 134, como "garantia constitucional".

Portanto, mantido o conceito constitucional da "presunção de inocência", é compreensível que o "standard" de prova para remover a presunção deva ser a condenação criminal transitada em julgado. Só mesmo mediante uma contrafação ou subversão do processo criminal brasileiro, seria possível, na lei sobre o crime de lavagem de dinheiro, chegar-se a condenar na ausência do acusado, para o fim exclusivo de confiscar os bens.

36. O nobre Professor Patrick Salgado Martins, admite a *regra da obrigatoriedade da persecução penal*, mas *adstrita à submissão do fato à jurisdição penal, em suas mais variadas vertentes, e não simplesmente à promoção de uma ação penal condenatória*. Na minuciosa e erudita exposição que fez, no Capítulo II de sua obra, sobre "Interesse público e eficiência como princípios, obrigatoriedade como regra".[18] Viu-se o prenúncio da 6ª conclusão de sua obra.

Dava para antever-se, sob a invocação dos princípios do "interesse público" e da "eficiência administrativa", o propósito de fazer da "regra da obrigatoriedade da persecução penal" a possibilidade de transformar o processo penal em instrumento — não para *tratar penalmente* o autor da lavagem de dinheiro — mesmo porque, segundo a lei de lavagem, este pode estar ausente e nem ser conhecido, mas, sim, aproveitar o processo penal para arrecadar bens ou valores.

Não é outra a nota conclusiva nº 6 de sua obra, *in verbis*:

> A regra da obrigatoriedade, portanto, não se restringe ao juízo acusatório positivo da promoção da ação penal, mas pode ser executada por um juízo acusatório negativo, através da promoção de arquivamento fundamentada em razões de direito, de fato ou processuais, e também por

---

[18] MARTINS, Patrick Salgado. *Lavagem de dinheiro transnacional e obrigatoriedade da ação penal.* Belo Horizonte: Arraes, 2011. p. 25.

um juízo acusatório intermediário ou alternativo, através da proposta de transação penal, todos submetidos à apreciação do Poder Judiciário, ainda que somente para homologação, como no último caso.[19]

Não há duvida de que, aparentemente, respeitando a "regra" da obrigatoriedade da persecução penal, o que a Lei nº 9.613/98, modificada pela Lei nº 12.683, realmente contém, é um indevido e suposto processo criminal, que se satisfaz com "denúncia instruída por indícios suficientes da existência do crime antecedente" e, depois, prevê a continuidade do processo e julgamento, sem sequer tentar-se a citação pessoal do acusado. Admitindo-se proferir-se sentença condenatória, não para impor uma pena privativa de liberdade como, em regra, é a finalidade do *processo criminal*, mas, para dar destino aos bens apreendidos ou confiscá-los.

37. Com as construções teóricas sobre "princípios" e "regras", há quem vislumbre a oportunidade para dar às regras, inclusive às constitucionais do art. 5º, interpretações, que permitam colocações como aquela que visa "devolver a força aos princípios jurídicos, mostrando a existência no Estado Democrático de Direito do *princípio de presunção de constitucionalidade das leis*, antepondo-o antagonizando-o, por força da racionalidade e da ética democrática, àqueles que invariavelmente acoimam de inconstitucionalidade toda atividade legiferante"[20] (grifos nossos).

Sobre o tema convém recorrer, mais uma vez, ao que disse Sérgio Fernando Moro: "No Direito contemporâneo, foi afirmada a força normativa dos princípios, a ponto de os teóricos do Direito qualificarem o ordenamento não mais apenas como um conjunto de regras, mas como um conjunto de regras e princípios". Mas, na página seguinte, adverte: "Em que pese o extremo valor para o Direito da teoria dos princípios, deve-se evitar a tentação de tratá-los como slogans ou 'palavras mágicas, aptas a resolver toda e qualquer questão jurídica'. Infelizmente, o potencial retórico dos princípios não raras vezes leva a que eles sejam interpretados sem argumentação mais substancial".[21]

A lei definiu o crime de lavagem de dinheiro, porém, não dispôs regularmente sobre o processo penal a ser observado para a sua persecução. Limitou-se o legislador a dizer que "a denúncia será instruída

---

[19]  MARTINS. *Lavagem de dinheiro transnacional e obrigatoriedade da ação penal*, p. 124, n. 6.

[20]  BONFIM, Marcia Monassi Mougenot; BONFIM, Edilson Mougenot. *Lavagem de dinheiro*. 2. ed. São Paulo: Malheiros, 2008. p. 16.

[21]  MORO. *Crime de lavagem de dinheiro*, p. 136, 137.

com indícios suficientes da existência do crime antecedente"; ora, como é óbvio, nenhuma denúncia pode ser formulada sem que haja quem deva ser denunciado.

38. Além disso, sendo o crime de lavagem derivado ou dependente da infração antecedente de onde provenham os bens ou valores ilicitamente obtidos, os quais constituem objeto material do crime de lavagem, impõe-se a prova de tal crime, não bastando indícios de sua existência. É o que diz André Luís Callegari: "Assim, para que se possa condenar o sujeito pelo crime de lavagem, é necessário, no mínimo, que haja uma prova convincente do delito prévio, prova esta que pode ser acreditada com relação a um dos delitos precedentes previstos na Lei de Lavagem. Somente os indícios do crime antecedente não são suficientes para a condenação pelo delito de lavagem".[22]

Do mesmo modo opina a Dra. Carla Veríssimo De Carli, Procuradora da República na 4ª Região, para quem:

> Contrariamente ao disposto no inciso II do art. 2º da Lei nº 9.613/98, pensamos que algumas hipóteses de desfecho no julgamento do crime antecedente necessariamente terão consequências no julgamento do crime de lavagem de dinheiro; é o que ocorre quando a sentença proclamar a inexistência do crime antecedente; quando não ficar provada a sua ocorrência; quando o fato não for penalmente típico ou quando existir circunstância que exclua o crime (incisos I, II, III e primeira parte do inciso V, respectivamente, do art. 386 do CPP). Se já houver sido imposta uma condenação por crime de lavagem de dinheiro, quando sobrevém decisão irrecorrível a respeito do crime antecedente (não reconhecendo a sua ocorrência, sua tipicidade ou antijuridicidade) é o caso de desconstituir a condenação anterior — da lavagem de dinheiro — pela via da revisão criminal (art. 621 do CPP).[23]

No mesmo sentido, a posição de Marcia Monassi Mougenot Bonfim e Edilson Mougenot Bonfim, que dizem:

> Antes da sentença final, todavia, não podem existir duvidas quanto à existência de um dos delitos prévios do artigo 1º da Lei, configurando-se a mesma em questão prejudicial do próprio mérito da ação penal de lavagem. Enfim, não deve haver qualquer duvida sobre a existência de um fato típico e antijurídico antecedente, prescindindo-se da culpabilidade.[24]

---

[22] CALLEGARI, André Luís. *Lavagem de dinheiro*: aspectos penais da Lei nº 9.613/98. 2. ed. Porto Alegre: Livraria do Advogado, 2008. p. 131.

[23] DE CARLI, Carla Veríssimo. *Lavagem de dinheiro*: ideologia da criminalização e análise do discurso. Porto Alegre: Verbo Jurídico, 2008. p. 180.

[24] BONFIM; BONFIM. *Lavagem de dinheiro*, p. 82.

Na própria Exposição de Motivos da Lei nº 9.613, no item 61, está o seguinte: "Observe-se, no entanto, que a suficiência dos indícios relativos ao crime antecedente está a autorizar tão-somente a denúncia, devendo ser outro o comportamento em relação a eventual juízo condenatório".

39. Quanto à sentença no crime de lavagem de dinheiro, com o acréscimo feito pela Lei nº 12.683 ao §2º do art. 2º da Lei nº 9.613, chega-se ao ponto de admitir o julgamento, sem aguardar a citação e a consequente defesa do acusado, pois não se admite a suspensão do processo, ao contrário do disposto no art. 366 do CPP, que se declarou inaplicável à dita lei.

O respeitado penalista Luiz Flávio Gomes diz:

> [...] a proibição contida no §2º do art. 2º de não aplicação do art. 366 do CPP para os crimes de lavagem de bens é absurda e inconstitucional [...]. E flagrantemente contraditória, ademais, com o disposto no art. 4º, §3º, da mesma lei. Revela, nesse ponto altíssimo despreparo técnico e jurídico do legislador, que legisla, cada vez mais frequentemente, sob a égide da emoção, produzindo o que se denomina Direito Penal "simbólico". Da inconstitucionalidade da proibição: cuida referido artigo (366) da suspensão do processo decorrente da citação por edital. A garantia de ser informado o acusado do inteiro teor da peça acusatória é imposter-gável (v. Convenção Americana sobre Direitos Humanos, art. 8º, que tem status constitucional, por força do art. 5º, §2º, da CF). Todo acusado tem este direito. Faz parte da ampla defesa. É garantia constitucional, logo, faz parte da parte rígida do princípio do devido processo penal. Não pode, em consequência ser suprimida pelo legislador infraconstitucional. Conclusão: o art. 2º, §2º, da Lei nº 9.613/98 é mais um exemplo de "não-direito", de desconhecimento total do legislador dos seus limites. Ganhou vigência com sua publicação, mas não possui validez [...]. Não é juridicamente válido. É um nada jurídico.[25]

40. É manifesta a nulidade do processo, cuja persecução destine-se, exclusivamente, ao confisco ou perda dos bens em favor da União ou dos Estados (art. 7º da lei). Ao estranho processo dá-se andamento sem qualquer preocupação com sua constitucionalidade, iniciando-se *por denúncia* para elaboração da qual somente se contava com indícios ditos suficientes da existência do crime antecedente e nada sobre o

---

[25] GOMES, Luiz Flávio. Delação premiada e aspectos processuais penais. *In*: CERVINI, Raúl; OLIVEIRA, William Terra de; GOMES, Luiz Flávio. *Lei de lavagem de capitais*. São Paulo: Revista dos Tribunais, 1998. p. 357.

autor. Não se sabe como iniciar-se um processo criminal *por denúncia* quando não haja a quem denunciar.

Dir-se-á que, assim como por crime de receptação (art. 180, §4º, CP) dispensa-se o conhecimento do autor do crime de que proveio a coisa, também, por crime de lavagem é dispensável saber quem é o autor do crime antecedente. Porém, a comparação procede somente em parte, ou seja, quanto ao conhecimento do autor de que proveio a coisa no processo por receptação e quanto ao conhecimento da autoria de que proveio o dinheiro no processo por lavagem, mas grande diferença existe quanto ao processo criminal que, na receptação, nunca se inicia sem saber quem seja o autor da receptação, enquanto a lei admite o processo criminal da lavagem de dinheiro sem saber quem seja seu autor.

Acontece que o legislador não estava interessado em punir com pena privativa de liberdade, que é a sanção específica do Direito Penal, para a imposição da qual se exige o devido processo legal, que pressupõe a ampla defesa do acusado e prova que seja idônea a remover a presunção de inocência. Mas de nada disso se tratava, porque o fim da persecução não era privar alguém de sua liberdade, mas o confisco de seus bens. Para chegar-se ao resultado pretendido pela persecução penal inventada, foram ignoradas todas as garantias constitucionais, ainda que sob alegação de supostos "princípios" de interesse público, os quais viriam a se sobrepor às próprias "regras" processuais constitucionais, em flagrante contrariedade a direitos fundamentais da pessoa humana, indo além da orientação de política criminal da lei e da ordem, praticada nos crimes hediondos, ao escamotear o processo penal, transformando-o em exclusivo instrumento de confisco de bens, *objetivo que, evidentemente, melhor seria alcançado, sem ofensa à Constituição, por via de outro ramo do ordenamento jurídico.*

41. Em um excelente artigo, sábia e didaticamente desenvolvido, de que me permito, contudo, divergir *em parte*, o ilustre Juiz Federal, Dr. Márcio André Lopes Cavalcante, tendo em vista a alienação antecipada de bens sob constrição, medida introduzida na Lei nº 9.613 pela Lei nº 12.683, propõe-se a seguinte pergunta: "A alienação antecipada é inconstitucional por violar o princípio do devido processo legal, o princípio da presunção de inocência e o direito de propriedade?".

E responde a si mesmo: *não.*

> O devido processo legal não é afrontado, considerando que a constrição sobre os bens da pessoa não é feita de forma arbitrária, sendo, ao contrário, prevista na lei que traz os balizamentos para que ela possa ocorrer. Não há violação ao princípio da presunção de inocência, considerando que este não é absoluto e não impede a decretação de medidas

cautelares contra o réu desde que se revelem necessárias e proporcionais no caso concreto. Nesse mesmo sentido, não é inconstitucional a prisão preventiva, o arresto, o sequestro, a busca e apreensão etc. O direito de propriedade, que também não é absoluto, não é vilipendiado porque o réu somente irá perder efetivamente o valor econômico do bem se houver o trânsito em julgado da condenação.[26]

Cumpre observar que ninguém alega afronta ao *devido processo legal* quando exista "o processo" *previsto em lei*, como forma ou meio de alcançar determinado fim lícito, respeitando as demais garantias individuais, como a de defesa. Quanto às medidas cautelares, se observam forma legal, por si mesmas, não atingem *a presunção de inocência* que, em seu núcleo rígido, continua íntegra, sendo o requerimento e concessão de tais medidas, precisamente, permitidos como busca de meios de prova cuja eficácia, ao lado de outros, possa remover, por decisão judicial transitada em julgado, a rigidez constitucional "pétrea" daquela presunção. O *Direito de Propriedade*, se é objeto de uma *condenação* transitada em julgado, como figurado na resposta supra, tratar-se-ia de um bem, cuja legitimidade estava em controvérsia ou fora objeto de um crime, mas, enquanto não haja uma *condenação* nas circunstâncias aqui supostas, mantém sua natureza jurídica de direito individual assegurado pela Constituição.

Com as inteligentes respostas dadas por S.Exa., o culto magistrado, à sua pergunta supra, quisera ele demonstrar o caráter "relativo", que atribuíra às garantias individuais.

Não se pode negar que a Constituição de 1988 impõe, para o processo e julgamento de qualquer infração penal, *o respeito à presunção de inocência*, a *observância ao devido processo legal*, que *pressupõe a amplitude do direito de defesa*.

Como se sabe, aqui não se adota o sistema da "common-law", e sim uma "constituição escrita", em cujo texto são assegurados os direitos fundamentais, sem qualquer espécie de limitação ao seu alcance, a não ser por expressa disposição do próprio texto constitucional, não podendo a lei, muito menos "princípios", dar caráter "relativo" a normas de garantia individual.

Por mais relevantes que possam ser os bens ou interesses objetos de proteção pela lei penal, inclusive, por exemplo, o sistema financeiro

---

[26] CAVALCANTE, Márcio André Lopes. Comentários à Lei nº 12.683/2012, que alterou a Lei de Lavagem de Dinheiro. *Dizer o Direito*, 16 jul. 2012. Disponível em: <http://www.dizerodireito.com.br/2012/07/comentarios-lei-n-126832012-que-alterou.html>.

nacional e a lisura no exercício da administração pública, não se pode pretender fazer deles "princípios" que ultrapassem as "regras" constitucionais, como se fossem um rolo compressor, que passa sobre garantias individuais esmagando-as, sendo que, "quando se considerou que devia ser feita alguma exceção à eficácia de direito individual, isso constou, expressamente, do próprio texto constitucional e não comporta modificação nem por emenda constitucional" (art. 60, §4º, IV, CF).

42. Assim é que a inviolabilidade do domicílio, um dos direitos fundamentais do cidadão, para admitir-se a exceção à regra de sua garantia, constou, expressamente, "salvo em caso de prisão em flagrante delito ou desastre ou para prestar socorro ou, durante o dia, por determinação judicial" (art. 5º, XI). Mesmo para a inviolabilidade da correspondência e das comunicações, a exceção está prevista no texto "por ordem judicial, nas hipóteses e na forma que a lei estabelecer para fins de investigação criminal ou instrução processual" (art. 5º, XII). No inciso XXXIII do art. 5º está prevista a hipótese em que o Estado pode deixar de prestar informações de interesse particular ou de interesse coletivo, mas, em razão do "sigilo imprescindível à segurança da sociedade e do próprio Estado". É garantido o direito de propriedade (art. 5º, XXII), porém, admitiu-se a exceção de sua função social (inciso XXIII), contudo, previu-se a desapropriação por necessidade ou utilidade pública ou por interesse social, mediante justa e prévia indenização em dinheiro (inciso XXIV) e, no caso de iminente perigo público, a autoridade competente poderá usar a propriedade particular, assegurada ao proprietário indenização ulterior, se houver dano (inciso XXV). A pena de morte é proibida, salvo em caso de guerra declarada, nos termos do art. 84, XIX (art. 5º, XLVII, "a"). Não haverá prisão civil por dívida, ressalvou-se a prisão do responsável "pelo inadimplemento voluntário e inescusável de obrigação alimentícia e a do depositário infiel" (art. 5º, LXVII).

É regra constitucional que nenhum brasileiro será extraditado, entretanto, os interesses de repressão ao tráfico ilícito de entorpecentes e drogas afins constituem exceção à regra (art. 5º, LI). *Mas não se considerou necessário, no interesse da apuração e repressão ao crime de lavagem de dinheiro, excepcionar o alcance do direito ao devido processo legal* (art. 5º, LIV), *à presunção da inocência* (art. 5º, LVII) e *à amplitude da defesa* (art. 5º, LV). Portanto, é ficar ao total desamparo jurídico-legal, *pretender tornar relativas garantias que nenhuma restrição constitucional sofrem* e que, não só têm aplicação imediata e geral, como podem até ser ampliadas (art. 5º,

LXXVII, §§1º e 2º), mas nunca sujeitarem-se a leis, princípios ou ações *tendentes* sequer a diminuírem-lhes a eficácia, enquanto vigente o art. 60, §4º, da atual Constituição.

## 19 O plebiscito do plebiscito pretendido pelo Senador

43. Em face do chocante ataque aos alunos da Escola do Realengo no Rio de Janeiro, os ilustres Senadores, mais uma vez, pretendem um oneroso *plebiscito do plebiscito*, com vistas a obter uma resposta que proíba a venda de armas de fogo, como se, proibida a venda, os bandidos não continuassem a se armar por via do contrabando e de outras operações clandestinas. Em regra, as armas utilizadas nos crimes não são adquiridas regularmente. No próprio caso da Escola do Realengo, intensas foram as investigações para identificar a origem das armas utilizadas naquela apavorante violência. Se fossem armas adquiridas regularmente e registradas, a origem seria logo identificada.

Os senhores senadores prestariam serviço de verdadeiro interesse público se, ao invés do esdrúxulo plebiscito sobre outro plebiscito, que tanto custa aos cofres públicos, resolvessem elaborar lei cujas exigências para compra, registro e posse de arma possam garantir a imediata identificação do proprietário da arma apreendida na prática de crime.

Em processo de que o signatário deste escrito participou, como assistente do Ministério Público, o autor negava, peremptoriamente, a autoria do crime, no entanto, ficou ela provada, *pelo fato de se ter apurado que o suspeito havia adquirido e registrado uma arma* que, embora tivesse tentado esconder, fora apreendida, constituindo logo prova irrefutável para a condenação.

44. O jornal *Folha de S. Paulo* fez a seguinte indagação: "O país deve promover um plebiscito sobre a proibição da venda de armas de fogo?". Luiz Flávio Borges D'Urso, então Presidente da Secional' da OAB em São Paulo, convidado a responder àquela pergunta, deu-lhe resposta negativa e, em seguida, apresentando as razões de sua resposta, dentre outros convincentes argumentos, mencionou que "os recursos para uma nova consulta — a anterior custou R$250 milhões — poderiam ser aplicados em outras áreas mais prioritárias para o país, como a própria segurança pública, no setor de inteligência e de prevenção ao crime, para equipar melhor as polícias federal e estaduais e combater o ingresso de armas ilegais".[27]

---

[27] *Folha de S. Paulo*, edição de 16 abr. 2011.

No mesmo jornal acima citado, o mesmo Senador da República, que se diz o proponente do referendo anterior, cujo resultado foi o de 64% a 36% pela continuidade da venda de armas, está opinando pela realização de *outro referendo* com a mesma finalidade do anterior. Argumenta que: "As campanhas de devolução, indenizações e a própria fiscalização, infelizmente, se mostraram insuficientes. É preciso, portanto, propostas mais arrojadas, que tiveram êxito em países que adotaram leis de desarmamento".

Após este tópico, o leitor supõe que S.Exa., em seguida, fosse apresentar "as ditas propostas mais arrojadas de desarmamento", porém, o que se vê mesmo é a velha proposta de plebiscito, cuja votação em urgência-urgentíssima fora aprovada pelo sábio colégio de lideres.

O douto senador poderia apresentar as propostas arrojadas que, no dizer de S.Exa., "tiveram êxito em países que adotaram leis de desarmamento". Ainda que a proibição de venda das armas seja considerada condição para as ditas propostas arrojadas, S.Exa.,conhecedor das leis de outros países que tiveram êxito, poderia dar ao povo brasileiro oportunidade de conhecer as propostas arrojadas que, uma vez obtida a proibição de venda das armas, o eficiente colégio de lideres, por votação em urgência-urgentíssima, tornaria logo leis, as quais produziriam os resultados anunciados...

## 20 A suposta benignidade das leis penais e os acidentes de trânsito

45. Difundiu-se a falsa opinião de que a maior frequência de alguns crimes tem como causa a benignidade das leis *e que somente leis verdadeiramente temíveis* poderão conter o crime e se atribui, por exemplo, o aumento dos índices de ocorrências de acidentes de trânsito com vítimas, exclusivamente, à natureza das sanções impostas aos condutores, as quais consideram pouco repressivas.

Não se leva em conta o crescente número de veículos em circulação, o que há de provocar aumento da quantidade dos acidentes. O processo de habilitação pelo qual passa o candidato a condutor de veículo pode contribuir para a ocorrência do acidente de trânsito. Exige-se capacidade para dirigir e conhecimento das regras de trânsito, mas não a capacidade de relacionar-se com as pessoas e de enfrentar as dificuldades do trânsito. O temperamento e a educação do candidato deviam ser postos à prova nos exames de habilitação. Não há duvida de que contribuem bastante para o aumento de acidentes a falta de policiamento ostensivo nos locais de maior incidência de acidentes nas vias urbanas e nas rodovias de tráfego mais intenso.

Não é possível deixar de considerar estes fatores como causas da constante elevação dos índices dos acidentes automobilísticos com vítimas. Nem tudo parece ser considerado e insiste-se em atribuir a uma suposta benevolência da lei os acidentes.

Ora, o novo Código de Trânsito Brasileiro, em seu art. 302, parágrafo único, aumentou a pena e ainda instituiu a perda de pontos por faltas cometidas no trânsito, a qual pode ser, também, causa de suspensão da licença para dirigir. Contudo isso, as incidências de infração no trânsito não se reduziram, como mais uma prova de que não se conterá o crime mediante a exacerbação das penas. Aumentou-se a pena e facilitou-se a prova do estado de embriaguez. A severidade do tratamento ao condutor embriagado não fez diminuir a ocorrência do crime praticado pelo motorista em estado de embriaguez.

46. A verdade é que os danos causados nos acidentes de trânsito, às vezes, de grandes proporções pelo número de pessoas atingidas e pela natureza das lesões produzidas e até morte, faz com que a visão das pessoas e até de alguns operadores do direito seja "ofuscada", de modo a impedi-los de ver que, em regra, o condutor do veículo *nunca quer fazer do carro uma arma para matar* porque, como se tem advertido em placas pelas estradas "a vitima pode ser ele próprio".

Há de convir-se que a lei penal não poderia punir do mesmo modo quem feriu ou matou porque *queria* ferir ou matar, praticando um crime *doloso*; e quem matou *sem querer*, tendo dado causa ao ferimento ou à morte por ter agido sem a observância ao dever de cuidado exigível no se conduzir ou no conduzir o veículo. Em tais circunstâncias, diz-se o crime *culposo* porque o condutor deu causa ao acidente por *imprudência, negligência* ou *imperícia*, que *constituem infração ao dever de cuidado*.

Mas há quem argumente que a imprudência, às vezes, é tão grande que se pode dizer que o condutor assumiu o risco de produzir o resultado e o Código Penal dispõe que o crime é doloso não só quando o agente quis o resultado, mas, também, quando assumiu o risco de produzi-lo.

Entretanto, só se considera que o agente assume o risco de responder pelo resultado quando ele prevê o resultado como consequência de sua ação e indiferente à sua previsão pratica a ação prevista, isto é, age *aceitando* a hipótese do resultado como consequência de sua ação. Se o agente, prevendo o resultado, não desiste da conduta prevista, e, como se dissesse a si mesmo "haja o que houver, custe o que custar, vou agir" e o resultado lesivo ao bem jurídico se produz; neste caso, a conduta é equivalente à daquele que age com vontade e consciência de produzir o resultado, por isso, deve responder pelo crime por dolo eventual. Ora, não é possível atribuir-se o dolo ao responsável por um acidente de trânsito, senão mediante prova absolutamente clara e insofismável, de que previu o resultado e *ex ante* aprovou a sua ocorrência que, afinal, produziu o dano ao bem jurídico.

É necessário distinguir a ação de quem prevê o resultado lesivo ao bem jurídico e age admitindo a sua ocorrência, e a conduta daquele que prevê o resultado e, de modo algum, o admite e age confiado, imprudentemente, em que poderá evitá-lo e não o consegue. Diversa é a situação de um e de outro, logo, a pena, abstratamente prevista, não poderia ser a mesma para ambos.

## 21 As leis contra a prescrição

47. Dando sequência à linha da política criminal da Lei e da Ordem, foram aprovadas leis, visando extinguir algumas hipóteses de prescrição ou aumentar ou diminuir seus prazos, o que, no entender do legislador, iria agilizar a administração da Justiça e evitar a impunidade. Assim é que, por meio da Lei nº 11.596, de 29 de novembro de 2007, pretendeu-se evitar a prescrição que resulta da duração de andamento do processo entre a primeira instância e a segunda.

Com tal objetivo fora dada nova redação ao art. 117, inciso IV, do Código Penal, onde estava: "o curso da prescrição interrompe-se *pela sentença condenatória recorrível*", passou a constar: "o curso da prescrição interrompe-se pela *publicação da sentença ou acórdão condenatórios recorríveis*".

Pretendeu-se tornar causa interruptiva da prescrição a decisão de segunda instância em grau de apelação, porém, a menção da lei a acórdão "*condenatório*" frustrou, em parte, o objetivo, porque acórdão condenatório, em segunda instância, só ocorre nos processos "originários" ou no "provimento de apelação contra sentença absolutória". Neste sentido, o Superior Tribunal de Justiça já decidiu no HC nº 111.502,[28] relatado pela Des. Jane Silva, quando em sua notável substituição naquele Tribunal; e a nobre e culta Ministra Maria Thereza de Assis Moura no Recurso Especial nº 710.552.[29]

---

[28] STJ. HC nº 111.502/AC, 6ª Turma. Rel. Des. Jane Silva. Julg. 21.10.2008. *DJe*, 10 nov. 2008.
[29] STJ. AgRg no REsp nº 710.552/MT, 6ª Turma. Rel. Min. Maria Thereza de Assis Moura. Julg. 11.12.2009. *DJe*, 1º fev. 2010.

48. Além da lei acima citada, ainda insistindo em eliminar uma causa de prescrição, elaborou-se a Lei nº 12.234, de 05 de maio de 2010, com a qual o legislador quis acabar com a chamada prescrição retroativa pelo decurso do prazo entre a data do crime e a do recebimento da denúncia, quando tal prazo fosse suficiente para a prescrição, considerando-se o disposto no art. 109 e a quantidade da pena aplicada na sentença. E, para o fim visado, fora estabelecido que: "A prescrição, depois da sentença condenatória com trânsito em julgado para a acusação ou depois de improvido seu recurso, regula-se pela pena aplicada, *não podendo, em nenhuma hipótese, ter por termo inicial data anterior à da denúncia ou queixa*" (grifos nossos).

Alegou-se, para fundamentar a proibição de contagem do prazo, a partir da data do crime até a do recebimento da denúncia, que tal prazo estava ensejando hipóteses de impunidade pela prescrição. Tais hipóteses, no entanto, somente ocorriam, em regra, nos processos por crimes de pequeno potencial ofensivo (art. 98, I, CF; e art. 61, Lei nº 9.099/95), cujas penas máximas cominadas não fossem superiores a dois anos para as quais a prescrição é de quatro anos. Podia ocorrer prescrição de crimes cuja pena aplicada *fosse superior* a dois anos e não excedente a quatro, mas, só excepcionalmente, porque seria necessário que tivesse transcorrido, pelo menos, mais de oito anos entre a consumação do crime e o recebimento da denúncia.

É certo que, pela "pena aplicada", ficou proibida, para efeito de prescrição, a contagem de prazo anterior ao recebimento da denúncia ou da queixa. Porém, não está excluída, pela pena aplicada, a prescrição por decurso do prazo entre o recebimento da denúncia e a publicação da sentença.

Além disso, em relação aos crimes puníveis com pena não superior a dois anos, se transcorrido prazo superior a quatro anos, entre a data do crime e a do oferecimento da denúncia, ocorrerá a extinção da punibilidade pela *pena abstrata* (art. 109, IV), sendo de lembrar-se que, se a pena cominada não for superior a dois anos, o acusado não cogitará de prescrição, porque poderá valer-se do benefício da Lei nº 9.099.

Isto posto, não se evitou que o transcurso de mais de quatro anos entre a data de consumação do crime e a do recebimento da denúncia, que era a causa da prescrição pela pena aplicada, possa continuar sendo causa de prescrição pela *pena cominada* não superior a dois anos. Em relação a tais crimes que, em regra, eram os que tornavam possível, pela pena aplicada, a prescrição retroativa, a proibição da lei de nada valerá, *quando transcorra prazo de quatro anos entre a data do crime e o oferecimento da denúncia* (art. 109, V, CP).

Mas há de convir-se que se o objetivo da lei era o de evitar a impunidade pela prescrição resultante da morosidade da Justiça, agora, não precisando a Polícia, o Ministério Público e o Juiz *preocuparem-se com o decurso de prazo entre a data do crime e a do oferecimento e recebimento da denúncia*, a Justiça poderá tornar-se ainda mais morosa, porque a prescrição, *pela pena aplicada*, em nenhuma hipótese, pode ter por termo inicial data anterior à da denúncia ou queixa. *Logo, a lei, ao invés de manter uma norma de agilização da administração da Justiça, enseja a morosidade e esta a prescrição, visto como todo tempo será tempo para oferecimento e recebimento da denúncia porque, "quanto à pena aplicada", em nenhuma hipótese, ocorrerá prescrição pelo decurso de prazo entre a data do crime e a do oferecimento da denúncia. O processo poderá, a não ser considerando-se a pena cominada, entre a data do crime e o oferecimento da denúncia, em plácido repouso adormecer.* E não se há de dizer que tal lei possa contribuir para agilizar a Justiça e evitar a impunidade.

49. Ainda uma vez, pela Lei nº 12.234, com a permanente intenção de evitar a prescrição e possibilitar a repressão, deu-se nova redação ao inciso VI do art. 109 do Código Penal, aumentando para três anos o prazo de prescrição dos crimes cuja pena máxima seja inferior a um ano.

Ora, tais crimes, em regra, constituem casos de aplicação da Lei nº 9.099, de 26 de fevereiro de 1995, significando que não haverá interesse em cogitar de prazo para a extinção da punibilidade deles por prescrição. Logo, aqui, também, inútil a tentativa de tratar severamente infrações de pequeno potencial ofensivo, para as quais a própria Constituição previu juizado especial (art. 98, I), no qual a lei instituiu proposta de pena não privativa de liberdade (art. 72, Lei nº 9.099) ou suspensão do processo e posterior extinção da punibilidade, pelo cumprimento das condições da suspensão (art. 89 da citada lei).

50. Procura-se fazer da prescrição a vilã da história da morosidade da Justiça e da consequente impunidade. A verdade é que, se os processos tramitassem, nos prazos previstos em lei, não haveria prescrição, *logo, a prescrição não é causa, mas o efeito da morosidade da Justiça, que pode gerar a impunidade.* Para a punibilidade de cada crime, está estipulado na lei o prazo dentro do qual ao magistrado é possível condenar (art. 109, Código Penal).

Por exemplo: o crime de furto do art. 155 do Código Penal é punível com pena de um a quatro anos. Para este crime e todos os outros, cuja pena máxima cominada seja, também, de quatro anos, está previsto, no art. 109, IV, que a prescrição ocorrerá em oito anos.

A regra geral é que a prescrição começa a correr do dia em que o crime se consumou (art. 111, I, CP). A partir de tal dia, o Delegado de

Polícia começa a investigação, reunindo os elementos necessários para remetê-los ao Promotor de Justiça, a fim de que S.Exa., se for o caso, ofereça a denúncia contra o autor, a qual será remetida ao Juiz que, se a receber, dará andamento ao processo.

Então, serão ouvidas testemunhas, realizadas outras provas e, depois de apresentadas as alegações do Promotor e as do Advogado de defesa, o processo concluído irá ao magistrado, para que S.Exa. profira sua sentença, absolvendo ou condenando o acusado. Mas, para que a sentença condenatória seja exequível, o Juiz haverá de proferi-la *dentro do prazo de oito anos*, a contar-se do recebimento da denúncia, se o crime for de furto ou outro crime, cuja pena máxima seja de quatro anos. Se ultrapassados os oito anos, ocorrerá a prescrição.

Por aí se vê que, somente pode dar-se prescrição, se a Autoridade policial, o membro do Ministério Público, o Magistrado e os serventuários da justiça, por cujas mãos o processo deva passar, cada qual, por sua vez, atrasar o cumprimento de seu dever, retendo o processo além do prazo que lhe é reservado.

## 22 Os prazos nos quais os operadores do direito devem cumprir seus deveres

51. Diz a lei (art. 799 do CPP) que o Escrivão, sob pena de multa e, na reincidência, suspensão até 30 dias, executará dentro do prazo de dois dias os atos determinados em lei ou ordenados pelo juiz.

Os Juízes darão seus despachos e decisões (art. 800, CPP) dentro dos prazos seguintes, quando outros não estiverem estabelecidos:

I - de dez dias, se a decisão for definitiva ou interlocutória mista;

II - de cinco dias, se for interlocutória simples;

III - de um dia, se se tratar de despacho de expediente.

Os prazos do Ministério Público contar-se-ão do termo de vista e, para oferecimento da denúncia, será de cinco dias, estando o réu preso e de quinze dias se o réu estiver solto ou afiançado (art. 46, CPP); para recorrer, o Ministério Público está sujeito ao mesmo prazo de cinco dias reservado ao réu (arts. 586 e 593, CPP).

Quanto aos Juízes e órgãos do Ministério Público, findos os respectivos prazos, os responsáveis pelo retardamento, perderão tantos dias de vencimentos quantos forem os excedidos (art. 801 do CPP) e tal perda será do dobro dos dias excedidos para o efeito de promoção e de aposentadoria. Os escrivães, como acima mencionado, estão sujeitos a multas e até suspensão, se não executarem os atos no prazo legal.

A autoridade policial deverá terminar o inquérito no prazo de 10 dias, se o indiciado tiver sido preso em flagrante ou estiver preso preventivamente e, no prazo de 30 dias, se estiver solto, mediante fiança ou sem ela (art. 10 do CPP). Aqui deverá ser considerada, para efeito de prazos, a prisão temporária disciplinada na Lei nº 7.960, de 21.12.1989. Entretanto, segundo o art. 10, §3º, do CPP, "quando o fato for de difícil elucidação, e o indiciado estiver solto, a autoridade poderá requerer ao Juiz a devolução dos autos, para ulteriores diligências, que serão realizadas no prazo marcado pelo Juiz".

No Código de Processo Penal, constam sanções administrativas contra operadores do direito, mas não contra a autoridade policial. Quando esta retarda a prática de ato do seu ofício, se afetar direitos individuais, pode ser sanado o descumprimento do dever, por via do *habeas corpus*, nos termos do art. 648 do CPP, além de ficar a autoridade sujeita às sanções do abuso de poder, previsto na Lei nº 4.898, de 09.12.1965, bem como às penas do crime de prevaricação, definido no art. 319 do Código Penal.

52. Os advogados, como sabido, participam, também, do andamento do processo, estando sujeitos à observância de prazos processuais, no cumprimento dos quais são fiscalizados pelo Juiz, pelo Ministério Público, pelos serventuários da justiça, pela parte contrária e por sua entidade de classe. Se levado ao conhecimento da OAB a retenção indevida de autos pelo profissional, este ficará sujeito às sanções previstas na lei. Só que o advogado, quando excede ou perde um prazo para a prática de um ato, não mais pode praticá-lo, ao contrário de outros operadores do direito *que praticam, fora dos prazos legais, os seus atos, sem que deixem de produzir seus efeitos*. Por isso, na verdade, o descumprimento dos prazos processuais não acarreta qualquer consequência efetiva aos demais responsáveis pelo andamento do processo, pois não se tem notícia de sanções administrativas ou penais impostas em razão de atraso na prática de atos do processo penal ou civil, mas, tais atrasos são os que constituem a morosidade, que é a causa da prescrição e da impunidade. Aliás, o Colendo Conselho Nacional de Justiça, na Resolução nº 112, "considera que o fenômeno da prescrição, em todas as suas formas, concorre para o sentimento de impunidade *como consequência da lentidão da prestação jurisdicional*" (grifos nossos). Tal como temos sustentado, o fenômeno da prescrição não é causa, mas efeito da lentidão da prestação jurisdicional, que concorre para o sentimento da impunidade.

Por isso, em 06 de abril de 2010, o Egrégio Conselho, para evitar a ocorrência dos prazos prescricionais, instituiu, naquela Resolução, *o controle dos prazos da prescrição nos processos penais em curso nos tribunais e juízos dotados de competência criminal, determinando que façam constar dos autos ou de sistema informatizado dados e informações que facilitem o "acompanhamento temporal do curso da prescrição".*

53. A prescrição torna-se, portanto, uma advertência permanente à observância dos prazos legais para a prática dos atos do ofício de cada operador do direito, a fim de evitar que a demora de cada um se some à dos demais, dando causa ao término do prazo estabelecido pela lei para que se chegue á prestação jurisdicional oportuna e válida.

O legislador, ao extinguir um prazo prescricional, abre mão de um meio efetivo de agilização da Justiça, porque a existência de prazo obriga ao seu cumprimento, para evitar a prescrição. Ao contrário, o aumento de prazo para a prescrição abre oportunidade para maior morosidade, porque significa mais disponibilidade de tempo para a prática dos atos de que são incumbidos os responsáveis pelo andamento do processo.

Além de todos estes aspectos, a exigência de prazo, dentro do qual a prestação jurisdicional deva ocorrer, constitui fator de segurança da ordem jurídica, porque limita o tempo durante o qual as partes permaneçam aguardando a definição jurídica de seus conflitos, sendo que a observância dos prazos evita a perpetuidade dos processos judiciais.

A existência dos prazos prescricionais *obriga ao andamento do processo, evitando que, por excessiva demora, desapareçam provas das circunstâncias materiais do fato e torne-se impossível a prova testemunhal, por não se conseguir localizar testemunhas ou mesmo por falecimento de alguma, além de que a perda da memória dos fatos, pode até causar depoimentos falsos, sem dolo, por esquecimento, em razão do tempo transcorrido entre a data do fato e a produção da prova.*

Portanto, o legislador deve preocupar-se em usar seu saber legislativo para propor normas que obriguem cada responsável pelo andamento dos processos a praticar os atos de que seja incumbido, de modo a não contribuir para que se completem os prazos prescricionais.

## 23 A PEC dos Recursos serve aos Tribunais Superiores

54. A chamada "PEC dos Recursos" não parece, também, que seja meio adequado a evitar a morosidade da Justiça, a menos que se entenda que tal morosidade seja imputável, apenas, aos tribunais superiores, pois, somente estes terão menos trabalho.

Os Desembargadores e Juízes continuarão a enfrentar o sempre crescente volume de processos a serem julgados. Há muito mais processos em andamento nos juízos e tribunais estaduais e federais regionais do que nos tribunais superiores. *Primeiro*, porque as hipóteses de cabimento de recursos são restritas; *segundo*, porque os tribunais superiores já estão adotando diversas medidas que reduzem o número de processos a serem por eles julgados. Isso ficou muito bem demonstrado no excelente artigo de autoria do Prof. Luiz Fernando Valladão Nogueira.[30]

O digno ex-Presidente do Supremo Tribunal, Ministro Cezar Peluso, no seu entusiasmo pela PEC, por ele concebida, referindo-se à demora para o cumprimento da pena pelo jornalista Pimenta, condenado pela morte da namorada, argumentou que aquele condenado, "se a PEC dos Recursos já estivesse em vigor, estaria cumprindo pena há mais de cinco anos".

Sua Exa. não explicou porque a vigência da PEC faria iniciar-se "há mais de cinco anos" o cumprimento da pena por aquele condenado, sendo que aquele processo da competência do Júri só, excepcionalmente, chegaria aos Tribunais Superiores, logo, estivesse, ou não, em vigor a PEC, aquele processo, *em regra*, continuaria em andamento nos juízos e tribunais estaduais, em relação aos quais nada consta na PEC que possa agilizá-los.

Aludiu-se, também, a que "o sistema atual produz intoleráveis problemas, como a 'eternização' dos processos, a sobrecarga do Judiciário e a morosidade da Justiça". Aí fica implícito o argumento de que a aprovação da PEC poria termo a tais "intoleráveis problemas". Mas cumpre insistir em que a PEC só poderá afastar aqueles intoleráveis problemas *no âmbito dos tribunais superiores*. Não se ignora que possa abreviar a execução, *mas esta depende do andamento do processo, na fase de conhecimento e julgamento nos juízos e tribunais estaduais e regionais federais, perante os quais, a prevalecer a PEC, tudo continuará do mesmo modo.*

Fora louvável a preocupação do então Chefe do Poder Judiciário com a crônica morosidade da Justiça, mas S.Exa. há de convir em que a PEC talvez possa evitar o mal no âmbito dos Tribunais Superiores. Aliás, já foram tomadas diversas medidas com o objetivo de reduzir o volume de trabalho dos Tribunais Superiores, tais como "súmula vinculante", "repercussão geral" como condição para conhecimento; forma de julgamento global de "processos repetitivos".

---

[30] NOGUEIRA, Luiz Fernando Valladão. A PEC dos Recursos. *Estado de Minas*, Belo Horizonte, 18 jul. 2011. Caderno Direito & Justiça, p. 3.

Porém, o mais grave é limitar o conhecimento do *habeas corpus* como meio de diminuir o volume de trabalho das Cortes Superiores. É de lembrar-se que, mesmo em plena ditadura getulista, ao elaborar o Código de Processo Penal, o legislador considerou ilegal a coação:

I - quando não houver justa causa;

II - quando alguém estiver preso por mais tempo do que determina a lei;

III - quando quem ordenar a coação não tiver competência para fazê-lo;

IV - quando houver cessado o motivo que autorizou a coação;

V - quando não for alguém admitido a prestar fiança, nos casos em que a lei a autoriza;

VI - quando o processo for manifestamente nulo;

VII - quando extinta a punibilidade.

Deu-se, portanto, ao *habeas corpus* a maior amplitude como meio de evitar a violência quer quando alguém estivesse sofrendo-a ou ameaçado de sofrê-la. A tendência a limitar o conhecimento do *habeas corpus* manifestou-se, inicialmente, sob o fundamento de que tal medida só seria cabível nos estritos casos de violência ou coação à liberdade de locomoção, no entanto, o CPP (art. 648), considerou ilegal a coação quando não houver justa causa ou quando o processo é manifestamente nulo ou está extinta a punibilidade.

55. Agora, no julgamento do HC nº 109.956,[31] decidiu-se no sentido de não conhecer de *habeas corpus* substitutivo de recurso ordinário. A decisão fundamentou-se "em sobrecarga de processos"; portanto, como observou Thiago Bottino, doutor em Direito e Professor da FGV e da Universidade Federal do Estado do Rio de Janeiro, "o fundamento não tratou de dogmática jurídica, mas sim de gestão judiciária. Isso sinaliza que a questão mais importante, nos dias atuais, que envolve o 'habeas corpus', trata da sua amplitude; assegurar a eficácia da garantia, sem, contudo, inviabilizar a atuação das cortes superiores".[32] O IBCCRIM, em excelente editorial, indaga: *Para onde caminha o habeas corpus?*[33]

Fabio Machado de Almeida Delmanto, Mestre pela USP, em ótimo artigo publicado no *Boletim IBCCRIM*, mostra como:

---

[31]  STF. HC nº 109.956/PR, 1ª Turma. Rel. Min. Marco Aurélio. Julg. 07.08.2012. *DJe*, 11 set. 2012.

[32]  BOTTINO, Thiago. Habeas corpus nos Tribunais Superiores: panaceia universal ou remédio constitucional? *Boletim IBCCRIM*, v. 21, n. 246, p. 11, maio 2013.

[33]  EDITORIAL: Para onde caminha o habeas corpus? *Boletim IBCCRIM*, v. 21, n. 243, fev. 2013.

A abolição do habeas corpus substitutivo de recurso ordinário, em prol exclusivamente do uso do recurso ordinário de habeas corpus, tal como decidido recentemente pelo STF (1ª Turma) e seguida agora pelo STJ (5ª Turma) trará consequências gravíssimas — e ainda incalculáveis — aos cidadãos, especialmente nos casos de patente ilegalidade na liberdade de ir e vir. Daí o grave atentado à democracia praticado pelos Tribunais Superiores. Isso porque, no caso de ser negado o habeas corpus na instância inferior, o cidadão terá que aguardar todo o trâmite do recurso ordinário, inclusive a publicação do acórdão, para somente então ingressar com o recurso ordinário, que passará por todo um trâmite na instância inferior, até chegar à instância superior, o que pode levar meses e até anos.[34] [35]

56. Os Mestres em Direito Tiago Abud da Fonseca e Henrique Guelber de Mendonça, em artigo no qual concluem fazendo alusão à anedota do marido traído, elaboraram, no corpo do trabalho, sério estudo em que partem dos julgados nº 109.956[36] e nº 111.909,[37] nos quais dizem: "Percebe-se, lamentavelmente, que a Corte Suprema acaba por prestar um desserviço à causa da liberdade em homenagem à diminuição dos feitos em tramitação naquele órgão jurisdicional".[38]

Em anotação à decisão proferida no HC nº 109.956, chamou-se a atenção sobre que:

O estrangulamento do habeas corpus somente veio a ocorrer sob a ditadura militar com a decretação do AI-5, em 1968. Suspendia-se "a garantia do habeas corpus nos casos de crimes políticos contra a segurança nacional, a ordem econômica e social e a economia popular". O AI-6, de 1969, desferiu o golpe final, vedando por completo a via mandamental como substituto do recurso ordinário. Felizmente, a Constituição de 1988 reafirmou a ampla aplicabilidade do habeas corpus, abolindo as restrições impostas pelo regime de exceção. Abriu caminho para que a jurisprudência reafirmasse a primazia do valor da liberdade.[39]

---

[34] DELMANTO, Fabio Machado de Almeida. Tribunais Superiores cometem um atentado à democracia. *Boletim IBCCRIM*, v. 21, n. 243, p. 16, fev. 2013.

[35] *Vide* o exemplo *infra* do STJ. HC nº 179.840/MG, Decisão Monocrática. Rel. Des. Honildo Amaral de Mello Castro. Julg. 02.09.2010. *DJe*, 10 set. 2010.

[36] STF. HC nº 109.956/PR, 1ª Turma. Rel. Min. Marco Aurélio. Julg. 07.08.2012. *DJe*, 11 set. 2012.

[37] STF. HC nº 111.909/SP, 1ª Turma. Rel. Min. Rosa Weber. Julg. 04.09.2012. *DJe*, 28 set. 2012.

[38] FONSECA, Tiago Abud da; MENDONÇA, Henrique Guelber de. O Supremo Tribunal Federal, a restrição ao habeas corpus e o marido traído. *Boletim IBCCRIM*, v. 21, n. 244, p. 11, mar. 2013.

[39] Anotação de Márcio Thomaz Bastos à Jurisprudência do Supremo Tribunal Federal, referente ao HC nº 109.956, julgado, por maioria de votos, pela 1ª Turma. Publicação do *Boletim IBCCRIM*, v. 20, n. 240, p. 1609, nov. 2012.

57. As medidas até aqui referidas podem contribuir para diminuir a morosidade da prestação jurisdicional no âmbito das instâncias Superiores, quando os processos consigam ali chegar...

Para o âmbito das primeiras instâncias, o que se prevê na PEC é a possibilidade da execução após a decisão dos Tribunais de Justiça ou dos Tribunais Regionais Federais, as quais transitam em julgado, mesmo havendo admissibilidade do recurso extraordinário e do recurso especial. E, em nenhuma hipótese, será conferido efeito suspensivo aos recursos. São medidas para facilitar ou possibilitar a execução imediata. Mas, seria de perguntar-se: o que se contém, na proposta de emenda, para agilizar o processo de *conhecimento e o julgamento da causa*?

Nos dois artigos da proposta — 105-A e 105-B —, nada consta para evitar a morosidade nas primeiras instâncias, onde estão os Juízes e Tribunais estaduais e regionais federais. Não há duvida de que a maioria dos atos do processo, seja penal ou civil, é praticada nos juízos e tribunais locais, compreendendo despachos e diligências das mais variadas naturezas, para citações, intimações, inquirições. Realização de perícias, alegações das partes, sentenças e acórdãos.

É de acrescentar-se que nos Tribunais, sobretudo, nos Superiores, salvo no caso de processo originário, *o número de atos do processo,* a serem praticados, é bem menor do que na primeira instância. Em termos de avaliação do tempo, categoria que gera a morosidade, o volume de trabalho, representado pelos atos a serem praticados, exerce decisiva influência. No entanto, não se cogitou de formas ou meios de diminuir o trabalho nos Juízos e Tribunais estaduais e federais regionais. Ao contrário, aumentou-se-lhes a responsabilidade pela natureza e eficácia de suas decisões.

Nos Tribunais, sendo os julgamentos, em regra, coletivos, cada magistrado julgará, na maioria das vezes, *em sessão,* logo, do número delas dependerá, também, o número de processos julgados pelo Relator, ressalvadas as hipóteses em que o Relator julga em decisão monocrática.

Daí, concluir-se que o aumento do número de Ministros da Suprema Corte, ensejando a criação de mais órgãos internos de julgamento (câmaras, turmas ou que nome tenham) talvez possa ser mais uma medida para a agilização da prestação jurisdicional. Mas, a PEC disso não cogitou. Não se considerou conveniente o aumento de julgadores, embora a Constituição Federal tenha estabelecido que o número de juízes na unidade jurisdicional será proporcional à efetiva demanda judicial e à respectiva população (art. 93, XIII).

## 24 O STJ e a morosidade em seus julgamentos

58. No Superior Tribunal de Justiça, foram adotadas ou repetidas medidas criadas pelo STF, esperando-se que, pela redução do trabalho, possa ser evitada a morosidade na prestação jurisdicional. Além disso, condicionou-se a interposição de recurso à sua apresentação eletronicamente, com o que se dizia que seria mais rápido o processo e julgamento. E até a limitação de conhecimento do habeas corpus tem sido adotada, como suposta forma de diminuir o trabalho daquela Alta Corte de Justiça.

Entretanto, sabe-se do HC nº 179.840,[40] substitutivo de recurso ordinário, impetrado, eletronicamente, em 18.08.2010, tendo por objeto reformar decisão denegatória de HC proferida pelo TRF 1ª Região, sendo que, quando da interposição do pedido no STJ, a coação atacada ainda se encontrava em nível de inquérito policial. Tratava-se de HC substitutivo de recurso ordinário e se pedia liminar, porque o TRF havia julgado o HC sem dar ciência da data do julgamento ao impetrante, quando havia neste sentido pedido, baseado no próprio Regimento daquele Tribunal (§3º do art. 187) e até no Regimento do Supremo Tribunal Federal (§2ºdo art. 192), cuja jurisprudência é pacífica sobre a necessidade de dar ciência do dia de julgamento do HC, se houver, neste sentido, pedido do impetrante.[41]

Quando fora solicitada informação ao Tribunal Regional Federal, o então seu Presidente informou que o impetrante opôs embargos declaratórios e *não fez neles a alegação de que não fora cientificado do julgamento*. Ora, *os embargos só podem versar sobre o conteúdo da decisão embargada*, como foi, recentemente, afirmado em voto do insigne Relator da Ação Penal nº 470. No caso do HC aqui referido, não constou do teor do acórdão embargado negativa ou qualquer referência ao pedido de cientificação da data do julgamento, logo, não podia ser matéria de embargos declaratórios.

No STJ, o HC fora distribuído a um Ministro Substituto que, depois de indeferir a liminar, em despacho estereotipado, deixou o processo hibernar em seu Gabinete, continuando em hibernação nos

---

[40]   STJ. HC nº 179.840/MG, Decisão Monocrática. Rel. Des. Honildo Amaral de Mello Castro. Julg. 02.09.2010. *DJe*, 10 set. 2010.

[41]   *Vide* STF. HC nº 91.566/RJ, 1ª Turma. Rel. Min. Cármen Lúcia. Julg. 04.09.2007. *DJe*, 28 set. 2007; HC nº 86.550/SC, 1ª Turma. Rel. Min. Ayres Britto. Julg. 25.04.2006. *DJ*, 13 out. 2006; HC nº 90.732/BA, 1ª Turma. Rel. Min. Cármen Lúcia. Julg. 13.11.2007. *DJ*, 1º fev. 2008; HC nº 91.743/BA, 2ª Turma. Rel. Min. Cezar Peluso. Julg. 04.03.2008. *DJe*, 25 abr. 2008; e HC nº 90.326-QO/RS, 1ª Turma. Rel. Min. Menezes Direito. Julg. 11.12.2007. *DJe*, 29 fev. 2008.

Gabinetes de outros Ministros Substitutos, até que, *a matéria nele proposta fora resolvida no seu mérito, favoravelmente, ao Paciente, **pelo Juiz Federal da Subseção Judiciária**, por sentença exarada* mais de um ano após a data de entrada do recurso no STJ.

59. Quer dizer, transcorreu toda a fase do inquérito policial, que se pretendia trancar por falta de justa causa e mais toda a tramitação da ação penal com a inquirição das testemunhas das partes, realização de audiência, as alegações ou memoriais e a sentença, enquanto no STJ o processo do HC estava entorpecido de tal forma que não andou *nem mesmo para ser julgado prejudicado, em face de informação prestada pelo Juiz Federal de que a matéria já havia sido por ele julgada.*

Parece ficar demonstrado que não basta adotar-se qualquer meio técnico para agilizar o processo e julgamento, porque o meio ou recurso técnico não age por si mesmo. Pela mesma razão, normas, instruções, resoluções, portarias e outras medidas administrativas, por si mesmas, não fazem as coisas acontecerem, e, por isso, embora, em Resolução Conjunta nº 1, do STF e do STJ, subscrita, em maio de 2009, pelo Exmo. Sr. Ministro Gilmar Mendes, Presidente do STF, e Ministro César Asfor Rocha, Presidente do STJ, ainda se conhecem fatos como o do *habeas corpus* acima referido.

## 25 A Súmula nº 438, sobre prescrição antecipada

60. Por maior que seja o respeito devido ao Excelso Superior Tribunal de Justiça, aos seus atos e decisões e aos seus dignos e sábios Ministros, Titulares e Substitutos, nada do que já se fez, *inclusive a adoção do processo eletrônico*, tem contribuído para desafogar o Tribunal e a recente Sumula nº 438 não representa medida que, em qualquer instância, possa agilizar a prestação jurisdicional dizendo: "É inadmissível a extinção da punibilidade pela prescrição da pretensão punitiva com fundamento em pena hipotética, independentemente da existência ou sorte do processo penal".

Na verdade, quando "a existência ou sorte do processo penal" depende de uma decisão judicial, que pode contribuir para fazer cessar a morosidade, imputável à própria Justiça, seria de se admitir tal decisão, mormente, se não era, expressamente, proibida e não prejudicaria o réu, encontrando excelentes razões de política criminal e, principalmente, relevantes fundamentos dogmáticos processuais, como se demonstrará.

Razões de economia processual, de brevidade e de ordem prática estariam a justificar o julgamento antecipado da prescrição, cuja ocorrência já se saiba inevitável, pelo tempo que se deixou transcorrer entre o recebimento da denúncia e a sentença, da qual a pena a ser aplicada, observados os critérios constitucionais e legais, resultará, necessariamente, a extinção da punibilidade pela prescrição.

É certo que não há lei prevendo, especificamente, a prescrição antecipada, mas, no direito penal do Estado Democrático de Direito, consagrado pela Constituição de 1988, o apego à lei justifica-se na medida em que assegura os direitos individuais definidos no art. 5º.

Como ensinou o Prof. Luís Greco:

> O legislador por mais que o deseje, não consegue regular todos os casos possíveis, que a prática dia após dia apresenta aos olhos do intérprete. Assim, por mais que a Constituição contenha uma serie de princípios básicos, e a lei penal uma extensa concretização destes princípios, em normas e regras um tanto claras, sempre restam zonas de indeterminação em que mais de uma opinião aparece como defensável. É nestas zonas de indeterminação que a política criminal pode atuar: ela atua, definindo qual das opiniões meramente defensáveis deve ser tida como opinião correta.[42]

A Política Criminal, como se sabe, é a escolha dos meios mais convenientes e oportunos para alcançar os fins do direito penal. Ora, é inegável que não atende aos princípios da *oportunidade e conveniência*, peculiares à correta política criminal, insistir-se em manter o curso de uma ação penal, quando evidenciada a inutilidade da prestação jurisdicional, porque o processo, vem-se arrastando há tanto tempo no Judiciário, que *já se completara prazo suficiente para, ao ser julgado, por sentença ou acórdão, verificar-se que está extinta a punibilidade.*

O argumento, segundo o qual a decretação antecipada da extinção da punibilidade retiraria a oportunidade para, se reconhecida a inocência, absolver-se o acusado, parece ignorar que, nos Tribunais e juízes, a questão da extinção da punibilidade é matéria de "conhecimento em preliminar", pelo que os magistrados se recusam a atender pedido da defesa para exame do mérito e absolvição, e se fundamentam em que "quem não pode condenar, não pode absolver".

---

[42] GRECO, Luís. Introdução. *In*: ROXIN, Claus. *Funcionalismo e imputação objetiva no Direito Penal*: tradução dos §§7 e 11, nm. 1/119, de Strafrecht, Allgemeiner Teil, 3. ed., München, Beck, 1997. Tradução de Luís Greco. Rio de Janeiro: Renovar, 2002. p. 65.

## 26 Prescrição antecipada e o interesse de agir

61. Ainda que se despreze a hipótese da extinção da punibilidade por prescrição, como procedeu o Juiz de Direito, Dr. Marcos Alexandre Coelho Zilli, restaria, para pôr termo ao processo, a manifesta falta do "interesse de agir", como muito bem decidiu aquele ilustre magistrado, com excelentes fundamentos, dentre os quais, o seguinte:

> A proibição contida na Sumula nº 438 do STJ impede a extinção da punibilidade do agente por força da declaração da prescrição da pretensão punitiva. E, de fato, não seria possível tal declaração em face da inexistência que expressamente reconhecesse a chamada prescrição em perspectiva. De qualquer modo, a hipótese aqui em questão é muito diversa, justamente porque envolve o exame quanto a uma das condições de ação representada pelo interesse de agir. Não se cuida, portanto, de sentença de mérito, mas sim de sentença extintiva do processo, sem o julgamento do mérito.[43]

É do mesmo teor a manifestação do notável Promotor de Justiça Rogério Greco, em seu livro, *verbis*:

> Ao estudarmos as condições da ação no capítulo a elas correspondente, dissemos que o interesse de agir se biparte em interesse-necessidade e interesse-utilidade da medida. Concluímos que para que se possa aplicar pena haverá sempre necessidade de um procedimento formal em juízo, com todos os controles que lhe são inerentes. Portanto, sempre na jurisdição penal estará preenchida a condição interesse de agir, na modalidade necessidade da medida. Contudo, o interesse-utilidade nem sempre estará presente, como no exemplo por nós citado. Qual seria a utilidade da ação penal, que movimentaria toda a complexa e burocrática máquina judiciária quando, de antemão, já se tem conhecimento de que ao final da instrução processual, quando o julgador fosse aplicar a pena, a quantidade seria suficiente para que fosse declarada a extinção da punibilidade com base na prescrição da pretensão punitiva estatal? Seria fazer com que todos os envolvidos no processo penal trabalhassem em vão, pois que, desde o início da ação penal, já se saberia que seria impossível a formação do título executivo penal. Dessa forma, embora como "pano de fundo" se encontre a efetiva possibilidade de ocorrência futura da prescrição, o juiz não a reconhecerá, tampouco o Ministério Público a poderá requerer, mas sim ambos fundamentarão os seus

---

[43] *Boletim IBCCRIM*, v. 21, n. 249, ago. 2013 (Caderno de Jurisprudência: O direito por quem o faz).

pedidos e decisões na falta de interesse de agir, na modalidade interesse-utilidade da medida, condição esta indispensável ao regular exercício do direito de ação, que deve existir durante toda a vida processual.[44]

Afinal, será impossível negar-se que a prescrição antecipada, pondo termo imediato a processos inúteis, *deixava tempo para que o magistrado pudesse dar andamento a outros processos, evitando a impunidade resultante da crônica morosidade da Justiça.*

Em conclusão: a PEC dos Recursos e a Súmula nº 438 ou a exigência da interposição eletrônica de recursos não evitarão a morosidade da Justiça, que é a causa da prescrição e da impunidade.

## 27 Discurso da mídia sobre impunidade e o mensalão

62. O discurso da mídia sobre a impunidade, que vinha de longa data, como aqui já demonstrado, suscitara, na linha da política da "lei e da ordem", sucessivas leis e medidas penais e processuais, extremamente repressivas. Mas, o oferecimento da denúncia ao Supremo Tribunal Federal na Ação Penal nº 470, contra 40 pessoas, entre as quais deputados, banqueiros, empresários e servidores públicos, homens e mulheres, fez com que o discurso mediático fosse concentrado em cobrar do órgão máximo do Poder Judiciário brasileiro a condenação imediata dos denunciados, a qualquer custo e às mais altas penas, como se a condenação, naquele caso isolado, pudesse pôr fim à impunidade de todos os crimes praticados *antes*, *durante* e *depois daqueles.*

## 28 Denúncia de grupos de fatos

63. A fim de corresponder às pressões, que exigiam decisões urgentes, sob o falso pretexto de evitar prescrição, *que longe estava de ocorrer*, resolveu-se receber uma denúncia, formulada com "grupos de fatos", dispostos na peça acusatória em ordem sequencial, adredemente preparada pelo Ministério Público, de tal forma que as Exmas. Senhoras Ministras e os Exmos. Senhores Ministros, após o juízo de valor sobre os primeiros fatos, descritos na denúncia, pudessem, por coerência, sentirem-se comprometidos para o juízo de valor sobre os demais fatos.

Na ocasião do julgamento do mérito da acusação formulada na denúncia, continuou-se a reclamar rapidez, exigindo-se dos Senhores

---

[44] GRECO. *Curso de Direito Penal*, v. 1, p. 736.

Ministros que examinassem em poucos dias a mesma matéria que, anteriormente, esteve sob investigação e estudo por cerca de cinco anos.

Houve condenações, mencionando, mais de uma vez, os mesmos fatos, sem preocupação com a ocorrência do *bis in idem*; houve, também, voto em que se sustentou, com modos nunca antes vistos naquele austero Tribunal, inédita doutrina, segundo a qual presumem-se provados, independentemente de outros meios de prova, fatos que se tenham passado no ambiente reservado dos gabinetes oficiais, sendo que a manifestação oral, em que tal doutrina se exibiu, não fora vista depois em notas taquigráficas do acórdão. Não se diverge da necessidade de punir naqueles casos, mas sim, dos métodos e procedimentos inéditos adotados para a punição, dentre os quais, o de não se aplicar, em situações iguais, tratamento uniforme sobre a competência para processar e julgar. Salvou-se, *em termos técnicos*, o monumental voto do Exmo. Sr. Ministro Celso de Mello, quando admitira os embargos infringentes.

## 29 Doutrina do domínio do fato e dosimetria das penas

64. Com a doutrina sobre *autoria* pelo *domínio do fato*, até então não lembrada nos tribunais brasileiros, reconheceu-se a responsabilidade de acusados, sem, contudo, levar sua aplicação às últimas consequências.

Como critério para a dosimetria das penas, foram consideradas circunstâncias elementares do tipo de que se tratava, as quais já haviam servido ao legislador para a tipificação do fato e ao Juiz para adequação do fato ao tipo; tomou-se, como base para a observância da proporcionalidade, entre as penas aplicadas a cada condenado, o *número de infrações* atribuídas a cada qual e não a sua posição nos fatos, especialmente, o poder de decidir sobre a liberação de recursos públicos a serem utilizados na compra dos votos, de modo que o *poder de mando*, em comparação com o *de cumprimento do mandado*, mereceu *menor juízo de culpabilidade*, refletido na enorme diferença das penas aplicadas. Assim tendo sido, resultara haver condenado que não cumprirá a totalidade da pena imposta porque, segundo cálculo atuarial, morrerá antes, com o que a pena se converte em perpétua.

Afinal, com tal julgamento de instância única, cujos efeitos são inevitáveis, o Tribunal, se tivesse algum sentimento de culpa pela morosidade ou leniência do Poder Judiciário, procurou redimir-se. Assim, a crítica fácil feita pelos leigos — repórteres e jornalistas, ou não — de que a lei penal brasileira é benigna e proporciona a impunidade, a decisão supra veio, ao contrário, evidenciar que a impunidade só ocorre, não pela alegada benignidade da lei, mas por falta de sua aplicação, pois, desde o art. 5º, XLIII, da Constituição, é notória a predominância de leis prevendo o máximo de repressão possível, como exposto nas páginas anteriores. E a experiência autoriza concluir que, se a mídia se interessasse pela atividade judiciária em outros casos, como se interessou pelo caso da Ação Penal nº 470, não haveria morosidade e, consequentemente, nem prescrição e impunidade.

## Referências

BATISTA, Nilo. A reabilitação da cela surda. *Boletim IBCCRIM*, v. 11, n. 131, p. 1-2, out. 2003.

BONFIM, Marcia Monassi Mougenot; BONFIM, Edilson Mougenot. *Lavagem de dinheiro*. 2. ed. São Paulo: Malheiros, 2008.

BOTTINO, Thiago. Habeas corpus nos Tribunais Superiores: panaceia universal ou remédio constitucional? *Boletim IBCCRIM*, v. 21, n. 246, p. 11, maio 2013.

CALLEGARI, André Luís. *Lavagem de dinheiro*: aspectos penais da Lei nº 9.613/98. 2. ed. Porto Alegre: Livraria do Advogado, 2008.

CAVALCANTE, Márcio André Lopes. Comentários à Lei nº 12.683/2012, que alterou a Lei de Lavagem de Dinheiro. *Dizer o Direito*, 16 jul. 2012. Disponível em: <http://www.dizerodireito.com.br/2012/07/comentarios-lei-n-126832012-que-alterou.html>.

COSTA JÚNIOR, Paulo José da. *Comentários ao Código Penal*. São Paulo: Saraiva, 1987. v. 1 - Parte Geral.

DE CARLI, Carla Veríssimo. *Lavagem de dinheiro*: ideologia da criminalização e análise do discurso. Porto Alegre: Verbo Jurídico, 2008.

DELMANTO, Fabio Machado de Almeida. Tribunais Superiores cometem um atentado à democracia. *Boletim IBCCRIM*, v. 21, n. 243, p. 16, fev. 2013.

DOTTI, René Ariel. *Curso de Direito Penal*: Parte Geral. 3. ed. São Paulo: Revista dos Tribunais, 2010.

EDITORIAL: Para onde caminha o habeas corpus? *Boletim IBCCRIM*, v. 21, n. 243, fev. 2013.

FONSECA, Tiago Abud da; MENDONÇA, Henrique Guelber de. O Supremo Tribunal Federal, a restrição ao habeas corpus e o marido traído. *Boletim IBCCRIM*, v. 21, n. 244, p. 11, mar. 2013.

FRAGOSO, Heleno Claudio. *Lições de Direito Penal*: a nova parte geral. 7. ed. Rio de Janeiro: Forense, 1985.

FRANCO, Alberto Silva; LIRA, Rafael; FELIX, Yuri. *Crimes hediondos*. 7. ed. São Paulo: Revista dos Tribunais, 2011.

GRECO, Luís. Introdução. *In*: ROXIN, Claus. *Funcionalismo e imputação objetiva no Direito Penal*: tradução dos §§7 e 11, nm. 1/119, de Strafrecht, Allgemeiner Teil, 3. ed., München, Beck, 1997. Tradução de Luís Greco. Rio de Janeiro: Renovar, 2002.

GRECO, Rogério. *Curso de Direito Penal*. Niterói: Impetus, 2002. v. 1 - Parte Geral.

HASSEMER, Winfried. Perspectivas de uma moderna política criminal. *Revista Brasileira de Ciências Criminais*, v. 2, n. 8, p. 41-51, out./dez. 1994.

HUNGRIA, Nelson. *Anteprojeto de Código Penal*. Rio de Janeiro: Departamento de Imprensa Nacional, 1963.

HUNGRIA, Nelson. *Novas questões jurídico-penais*. Rio de Janeiro: Ed. Nacional de Direito, 1945.

JESUS, Damásio Evangelista de. *Comentários ao Código Penal*. São Paulo: Saraiva, 1985. v. 2.

JESUS, Damásio Evangelista de. *Direito Penal*. 15. ed. São Paulo: Saraiva, 1991. v. 1 - Parte Geral.

MACEDO, Raimundo. *Da extinção da punibilidade*. Rio de Janeiro: Revista Forense, 1946.

MARTINS, Patrick Salgado. *Lavagem de dinheiro transnacional e obrigatoriedade da ação penal*. Belo Horizonte: Arraes, 2011.

MESTIERI, João. *Teoria elementar do Direito Criminal*: parte geral. Rio de Janeiro: Ed. do Autor, 1990.

MIRABETE, Júlio Fabbrini. *Manual de Direito Penal*. 6. ed. São Paulo: Atlas, 1991. v. 1 - Parte Geral.

MORO, Sérgio Fernando. *Crime de lavagem de dinheiro*. São Paulo: Saraiva, 2010.

MORO, Sérgio Fernando. O processo penal no crime de lavagem. *In*: BALTAZAR JUNIOR, José P.; MORO, Sérgio Fernando (Coord.). *Lavagem de dinheiro*: comentários à lei pelos juízes das varas especializadas em homenagem ao Ministro Gilson Dipp. Porto Alegre: Livraria do Advogado, 2007.

NOGUEIRA, Luiz Fernando Valladão. A PEC dos Recursos. *Estado de Minas*, Belo Horizonte, 18 jul. 2011. Caderno Direito & Justiça, p. 3. Disponível em: <http://www.aprombh.com.br/artigos/1066-a-pec-dos-recursos>.

NUCCI, Guilherme de Souza. *Código Penal comentado*: versão compacta. São Paulo: Revista dos Tribunais, 2009.

PRADO, Luiz Regis. *Curso de Direito Penal brasileiro*. 9. ed. São Paulo: Revista dos Tribunais, 2010. v. 1 - Parte Geral.

SILVA FERRÃO, Francisco António Fernandes da. *Theoria do Direito Penal*: applicada ao codigo penal portuguez comparado com o codigo do Brazil, leis patrias, codigos e leis criminaes dos povos antigos e modernos. Lisboa: Typ. Universal, 1856. Disponível em: <http://purl.pt/767>.

# ANTEPROJETO DA PARTE GERAL DO CÓDIGO PENAL
## A PROPOSTA DE INCLUSÃO DA TEORIA DA IMPUTAÇÃO OBJETIVA

## 1 Breve histórico da elaboração do Anteprojeto

1. O Anteprojeto do Código Penal fora encaminhado ao Senador José Sarney, então Presidente do Senado, em um volume de 479 páginas digitadas, contendo, segundo dele constou, "o histórico dos trabalhos, o anteprojeto de novo Código Penal e a exposição de motivos das propostas efetuadas". A este documento deu-se o nome de *Relatório Final*.[1]

Esclareço que todas as referências feitas à Parte Geral do Anteprojeto foram extraídas de um exemplar digitado, tal como o encaminhado pela Comissão de Juristas ao Exmo. Sr. Senador José Sarney, então Presidente do Senado Federal; e os textos citados de autores alemães foram obtidos em traduções aprovadas, expressamente, pelos autores dos textos traduzidos.

2. O Anteprojeto fora elaborado por uma "Comissão de Juristas", criada a Requerimento do Senador Pedro Taques, aditado pelo de nº 1.034, de 2011, do então Presidente do Senado, José Sarney.

3. A Comissão teve, como seu Presidente, o Exmo. Sr. Ministro Gilson Dipp, do Superior Tribunal de Justiça, que escolhera o Procurador Regional da República da Terceira Região, o Exmo. Sr. Dr. Luiz Carlos dos Santos Gonçalves, Relator Geral dos trabalhos.

---

[1] Luiz Carlos dos Santos Gonçalves, *Relatório Final*. Primeira Parte: Histórico dos trabalhos da Comissão, p. 2. Disponível em: <http://www12.senado.gov.br/noticias/Arquivos/2012/06/pdf-veja-aqui-o-anteprojeto-da-comissao-especial-de-juristas>.

4. Para ordenação dos trabalhos foram criadas três subcomissões: a da Parte Geral, a da Parte Especial e a da legislação extravagante. A primeira, relatada, inicialmente, por René Ariel Dotti, foi composta, também, por Maria Tereza Rocha de Assis Moura, Emanuel Cacho, José Muiños Piñeiro Filho e Marcelo André de Azevedo. A subcomissão da Parte Especial, relatada por Juliana Beloque, incluía Nabor Bulhões, Técio Lins e Silva, Luiz Flávio Gomes, Marco Antônio Marques da Silva e Luiza Nagib Eluf. A subcomissão da legislação extravagante foi integrada por Tiago Ivo Odon, que a relatou, e Gamil Föppel, Marcelo Leal, Marcelo Leonardo e Luiz Carlos dos Santos Gonçalves. Logo após o início dos trabalhos, a Ministra Maria Tereza Rocha de Assis Moura e o Prof. René Ariel Dotti pediram, "por razões pessoais", afastamento da Comissão.

5. A Comissão apresentou um texto de 544 artigos e revogou parcial ou inteiramente 111 diplomas legais (leis ou decretos-leis), com o objetivo de incorporar ao Código Penal a matéria, até então, esparsa, para facilitar a consulta aos seus textos.

Foi surpreendente dar-se por concluído o trabalho — Parte Geral, Parte Especial e mais a incorporação da legislação extravagante — no exíguo prazo de sete meses.

6. Recebido o Anteprojeto, naquela casa do Congresso Nacional, transformou-se, imediatamente, no Projeto de Lei nº 236 do Senado da República, o mesmo em que havia sido constituída a "Comissão de Juristas", *cujos membros foram de indicações das lideranças partidárias que secundaram proposição do senador Pedro Taques.*[2]

O Douto Relator da Comissão de Juristas considerou necessário justificar as indicações partidárias como uma exigência fundada no art. 58, §1º, da Constituição, entretanto, ali a referência é a Comissões Parlamentares, ou *interna corporis*, e os seus membros serão sempre os próprios parlamentares. Daí, a exigência de indicações das lideranças partidárias.

Aliás, o ilustre Relator Geral do Anteprojeto, no artigo que publicou em defesa da reforma, acima já citado, considerou que: "A novidade da Comissão de Juristas que elaborou o anteprojeto de novo Código Penal é que ela nasceu no Senado Federal".[3]

---

[2]  Cf. GONÇALVES, Luiz Carlos dos Santos. Em defesa da reforma penal. *Boletim IBCCRIM*, v. 20, n. 240, p. 4-6, nov. 2012.

[3]  GONÇALVES. Em defesa da reforma penal. *Boletim IBCCRIM*, p. 4.

## 7.

Na Alemanha, Itália e Espanha, os respectivos anteprojetos tiveram origens no Poder Executivo, e, mesmo no Brasil, não era outra a origem das propostas de reforma penal. Não se está a negar legitimidade constitucional ao Senado para constituir a Comissão com a finalidade de elaborar um Anteprojeto de lei, pois, afinal, para elaborar-se um Anteprojeto, em se tratando de lei, o órgão próprio para a iniciativa delas é o Poder Legislativo a que pertence o Senado.

## 2 O Anteprojeto e a Teoria da Imputação Objetiva

8. O fato de o Anteprojeto ter sido elaborado por Comissão constituída pelo próprio Senado, não há de fazer com que o Anteprojeto seja, necessariamente, aprovado. O próprio Senador, por ter proposto a reforma do Código Penal, não estaria comprometido em aprovar texto de um *Anteprojeto da Parte Geral*, no qual seus autores *introduziram proposta de* **transformar em lei** *uma doutrina que, como mais adiante será demonstrado, seus próprios criadores ainda não consideraram acabada.*

9. O que é dado como definitivo — dizemos nós — está no campo dos *crimes culposos* e tem como seu fundamento a observância ao dever de cuidado, sem o que não há risco permitido. Por isso, os autores do Anteprojeto, por coerência e fidelidade à referida Teoria da Imputação Objetiva, cuidaram de considerar o crime culposo "quando o agente, em razão da inobservância dos deveres de cuidado exigíveis nas circunstâncias, realizou o fato típico" (art. 18, II).

Em verdade, "a criação ou incremento do risco tipicamente relevante", tal como introduzido no art. 14, parágrafo único, do Anteprojeto, pressupõe um risco *com infração ao dever de cuidado exigível nas circunstâncias do caso concreto, para que haja imputação jurídica do resultado ao seu autor*. E é, precisamente, a inobservância ao dever de cuidado, exigível nas circunstâncias em que o agente se encontra, o em que consistem a "imprudência, a negligência ou a imperícia", que são as modalidades do crime culposo no direito penal chamado "tradicional". Logo, é manifestamente desnecessária a inovação pretendida no Anteprojeto, além de que na Teoria proposta, como já dito, ainda não se completou a sua concepção e falta consenso sobre alguns princípios.

10. Ainda que se considerasse indispensável incluir-se no Anteprojeto a Teoria da Imputação Objetiva, não seria necessário modificar-se todo o texto do art. 13 da Parte Geral do Código Penal, *quando, no Anteprojeto, tal como no Código Penal Brasileiro, admite-se a relação de causalidade* e, mais, que "a omissão deve equivaler-se à causação" (parágrafo único do art. 17); e, no *caput* deste artigo, "imputa-se o

resultado ao omitente que devia e podia agir para evitá-lo", estando, também, expresso, no art. 15, "considera-se causa a conduta sem a qual o resultado não teria ocorrido". Ficou, inteiramente, adotada a *conditio sine qua non*. A inovação trazida foi a de estabelecer que, para o resultado ser imputável a quem lhe deu causa, será necessário, também, que tenha "decorrido da criação ou incremento de risco tipicamente relevante, dentro do alcance do tipo".

Ora, depois de admitidos todos os princípios da *conditio sine qua non*, para quem queira introduzir no Anteprojeto "os critérios objetivos" para a imputação jurídica do resultado ao seu autor, não seria necessário alterar toda a redação do art. 13 do Código Penal. O texto poderia ser assim: "O resultado de que depende a existência do crime somente é imputável a quem lhe deu causa *e se decorreu da criação ou incremento de risco tipicamente relevante, dentro do alcance do tipo*. Considera-se causa a ação ou omissão sem a qual o resultado não teria ocorrido".

Ao se sugerir este texto, não se está a aprovar a sua parte destacada, mas, apenas, demonstrando que, para o só fim de introduzir-se a inovação, não havia necessidade de alterar-se todo o art. 13.

11. Insiste-se em que não havia mesmo razões para mudar-se a redação do art. 13, *já que se admitira no Anteprojeto a conditio sine qua non* e o acréscimo que se lhe fez, para introduzir o princípio da Teoria da Imputação Objetiva, *era, por enquanto, inoportuno e inconveniente*. É óbvio que as razões de "oportunidade e conveniência", aqui referidas, não são de "política pública ou de governo", mas de "política criminal" e de ordem dogmática, porque se trata de Teoria que vem sendo objeto de continuadas reflexões de seus autores, não tendo, também, sido considerada definitiva, nem mesmo pelos notáveis tradutores das obras originais, divulgadas na América Latina. *Por tudo isso, seria de se eliminar o acréscimo, acima feito no art. 13 do Código Penal, para manter-se na íntegra o referido artigo,* **já que se admitiu a teoria da equivalência dos antecedentes causais, como será visto**.

## 3 Substituição do art. 13 do Código Penal pelos arts. 14 a 17

12. Porém, a Comissão julgou necessário propor mudança de todo o texto do art. 13, substituindo-o pelos artigos 14, 15, 16 e 17 do Anteprojeto, sendo evidente que não houve melhoria de redação, nem de clareza. Modificou-se, também, a nomenclatura do texto. Onde está Título II, do Crime, com a denominação "Relação de Causalidade", passou a denominar-se, no Anteprojeto, "Fato Criminoso", embora, na

própria Exposição de Motivos do Anteprojeto, na parte concernente ao tema do art. 14, tenha-se dado o título "Causação e Imputação", evidentemente, mais adequado ao tema ali tratado do que a denominação "fato criminoso" (fls. 216 do *Relatório Final* – Exposição de Motivos da Parte Geral).

13. Ao dar outra redação ao texto, em lugar do verbo "depender" usou-se o verbo "exigir" com referência "à realização do fato criminoso", sendo certo que, a rigor, não se pode dizer que o fato criminoso "exige", porque só quem tem vontade ou é pessoa natural pode "exigir", que significa "reclamar", "requerer" (Aurélio, Caldas Aulete, Simões da Fonseca, Francisco Fernandes). O emprego metafórico de verbos, palavras ou expressões não é adequado à lei penal, cujos termos devem ser usados em seu exato sentido léxico. Talvez possa ser tolerado, para facilitar a compreensão, até mesmo o emprego de termos no seu sentido vulgar, mas nunca em sentido figurado. O fato criminoso pode "depender", "consistir", "constituir", etc. Mas não pode, também, produzir "ofensa potencial", porque a *"ofensa"* é *"ato"* em sua forma plena e final de *"dano"* e se contrapõe ao que é, apenas, *"potência"*. Segundo Aristóteles, deve ser feita distinção entre potência e ato. O ato é a própria existência do objeto: está para a potência "como o construir para saber construir, o estar acordado para o dormir., o olhar para ter os olhos fechados tendo embora a vista.[4] Roxin também dá ao termo "potência" o seu exato sentido quando se refere ao "embrião" humano como "uma pessoa em *potência*".[5] Assim sendo, pode haver "potencial ofensa" como expressão do resultado de perigo que, para nós, há de ser *concreto* e não *abstrato*, que este não admite prova em contrário, portanto, contraria princípios constitucionais.

14. A menção no art. 14, a que "a realização do fato criminoso exige ação ou omissão, *dolosa ou culposa*", é outra alteração do art. 13 absolutamente descabida, pois, poderia suscitar interpretação de que qualquer tipo possa realizar-se por *dolo* ou *culpa*, o que até se choca com o disposto no art. 19, que excepciona a punibilidade do crime culposo e ao excepcioná-la deixa explícita a *regra geral* da punibilidade a título de dolo, o que dispensaria a ambígua referência feita no art. 14 a "ação ou omissão, *dolosa ou culposa*".

---

[4] ATO. *In*: ABBAGNANO, Nicola. *Dicionário de Filosofia*. Tradução de Alfredo Bosi *et al*. 2. ed. São Paulo: Mestre Jou, 1982.

[5] ROXIN, Claus. La propuesta minoritaria del Proyecto Alternativo. *In*: ROXIN, Claus. *Problemas básicos del Derecho Penal*. Traducción de Diego-Manuel Luzón Peña. Madrid: Reus, 1976. p. 71 *et seq*., esp. p. 73.

Independentemente da inconveniência, *pelo menos por enquanto*, de adoção legal da Teoria da Imputação Objetiva, não foram suficientemente justificadas a inovação e alterações de redação dos textos da Parte Geral.

## 4 "Modos da codificação" e proporcionalidade das penas

15. O Relator Geral do Anteprojeto, manifestando-se sobre os "modos da codificação" informou que "houve também a preocupação de se valer da linguagem mais clara e acessível, permitida pela necessidade de rigor técnico nas definições. Os destinatários da norma penal não são, à evidência, apenas os seus estudiosos e aplicadores, mas toda a sociedade brasileira. É por isto que 'conjunção carnal' virou estupro vaginal".[6]

Mas, não se há de dizer que se tornará "mais accessível à sociedade" considerar o crime culposo "quando o agente, em razão da inobservância dos deveres de cuidado exigíveis nas circunstâncias, realizou o fato típico" (art. 18, II, do Anteprojeto) do que considerar o crime culposo *quando o agente deu causa ao resultado por imprudência, negligência ou imperícia, hipóteses, em qualquer das quais, conforme a doutrina, dita "tradicional", está ínsita a inobservância aos deveres de cuidados exigíveis nas circunstâncias em que o agente se encontrava* (art. 18, II, do Código Penal).

16. Parece-nos, também, que não seria necessário a "conjunção carnal" *virar* "ato sexual vaginal" para que todo mundo soubesse, como sabia e sabe, o que é um estupro. Talvez fosse melhor confiar no que a sociedade brasileira já sabe, em razão da longa vigência e consequente aplicação do Código Penal de 1940, cujo texto a Parte Geral de 1984, sempre que pôde, repetiu e continuou aplicando. A estas diferenças nominais dos atos sexuais deviam corresponder diferentes cominações legais das respectivas penas, para cumprir-se o item "c" das tarefas aceitas pela Comissão de Reforma, uma das quais era "tornar proporcionais as penas dos diversos crimes, a partir de sua gravidade relativa" (p. 3 do *Relatório Final*).

*Não há como considerar-se proporcional a cominação legal da pena de seis a dez anos tanto à prática do ato sexual vaginal ou estupro como à prática do ato sexual anal ou oral.*

---

[6] Luiz Carlos dos Santos Gonçalves, *Relatório Final*. Segunda Parte: Os modos da codificação, p. 9.

# 5 Razão para manter-se a redação da Parte Geral de 1984

17. Ademais, onde não haja matéria nova, técnica ou dogmática, que torne necessário texto novo, deve ser mantida a redação da Parte Geral do Código Penal — não por ser de 1984 — mas por ter, sempre que possível, respeitado a nomenclatura e redação do Código Penal de 1940, *tendo em vista o fato de ter sido aquela redação objeto da contribuição do filólogo, Prof. Abgar Renault,* membro da Academia Brasileira de Filologia e da Academia Brasileira de Letras, ensaísta, poeta, tradutor, sobre quem o Ministro Francisco Campos, no final da Exposição de Motivos do Código Penal de 1940, reconhecia, expressamente, "que lhe prestou os mais valiosos serviços na redação final do projeto".

A preocupação dos autores do Código Penal de 1940 e do Ministro da Justiça da época com a correta e adequada linguagem empregada na redação daquele Código Penal, merece consideração e aconselharia a observância daquela redação e mesma nomenclatura, desde que se trate de disposição sobre a mesma matéria e não contrarie o Estado Democrático de Direito.

18. Mas o eminente Relator Geral, referindo-se à legislação penal anterior ao Anteprojeto, escreveu:

> Convivemos com o Código Penal elaborado sob os auspícios do Estado Novo, a ditadura varguista. Isso não deslustra o brilho daqueles que o fizeram, mas não se poderia esperar um código democrático num regime que não o era. Em 1969, também num regime de exceção, houve tentativa de mudança, que não vingou. Em 1984 reformou-se a Parte Geral, mas continuávamos numa ditadura.[7]

O fato de um Código ter sido de época ditatorial faz supor que seja antidemocrático, porém, se a Constituição *posterior* for democrática, como se admite que a de 1988 seja, o instituto da *"recepção"* permitirá saber se o Código *anterior* contém norma inconstitucional ou antidemocrática. Não se tem conhecimento de que qualquer norma da Parte Geral de 1984 não tenha sido recebida pela Constituição. Logo, só pelo fato de ser de 1984, não se justificaria a mudança de redação de seus textos, quando nenhuma alteração se introduziu no conceito dogmático de instituto cujo texto fora modificado.

---

[7] GONÇALVES. Em defesa da reforma penal. *Boletim IBCCRIM*, p. 4.

# 6 Alterações do texto sobre inimputabilidade

19. Nas disposições sobre a "inimputabilidade", as alterações de linguagem não mudaram conceitos, exceto quanto à embriaguez que prevê a punição de quem cometa crime em estado de embriaguez completa voluntária ou culposa. Alteração, aliás, expressamente justificada na Exposição de Motivos.[8]

A supressão de "ou retardado", no art. 26 do Código Penal, teve por motivação, no dizer da Comissão, "atualização da linguagem para torná-la compatível com a dignidade das pessoas com deficiência". Não obstante a boa intenção, que teria aqui motivado a eliminação daquela expressão, é de reconhecer-se que a pessoa não se torna "menos digna" pela natureza de sua deficiência em razão de uma doença.

20. Constituiu inovação a expressão "outro estado análogo", incluída no art. 32, II, e seu parágrafo único, II, e art. 33, II. Refere-se sempre a "outro estado análogo" à embriaguez, o que, evidentemente, abre um amplo campo, sobretudo, perante o Tribunal do Júri, para obter absolvições injustas, senão ilegítimas.

Assim sendo, não houve modificações de estrutura técnica ou dogmática em matéria referente à inimputabilidade, pois, a supressão de "ou retardado" no art. 26 e o acréscimo de "outro estado análogo" no art. 32, II, e seu parágrafo único, II, e art. 33, II, não alteram a concepção da inimputabilidade *como incapacidade de entender o caráter ilícito do fato ou de determinar-se de acordo com esse entendimento*.

---

[8] *Relatório Final*, Exposição de Motivos da Parte Geral, p. 223. No sentido do texto: BRUNO, Aníbal. *Direito Penal*. Rio de Janeiro: Ed. Nacional de Direito, 1956. v. 2, p. 532-534; FRANCO, Alberto Silva *et al*. *Código Penal e sua interpretação jurisprudencial*. 5. ed. São Paulo: Revista dos Tribunais, 1995. v. 1, p. 332-333; TAVARES, Juarez. *Teoria do crime culposo*. 3. ed. Rio de Janeiro: Lumen Juris, 2009. p. 432; BITENCOURT, Cezar Roberto. *Manual de Direito Penal*: parte geral. 5. ed. São Paulo: Revista dos Tribunais, 1999. p. 364; LOPES, Jair Leonardo. *Curso de Direito Penal*: parte geral. 4. ed. São Paulo: Revista dos Tribunais, 2005.
Basileu Garcia (*Instituições de direito penal*. 7. ed. São Paulo: Saraiva, 2008. v. 1, t. I) dizia que Hungria sustentava que o "instituto das *actiones liberae in causa*" justificava a punição dos delitos praticados em embriaguez voluntária ou culposa, o que Basileu contestava dizendo que se tratava pura e simplesmente um caso de responsabilidade objetiva. Cabe informar que Hungria, em seu Anteprojeto de Código Penal, de 1963, com a redação dada à embriaguez, admitiu, no §2º do art. 31, que "se, embora não preordenada, a embriaguez é voluntária e completa e o agente previu ou podia prever que, em tal estado, poderia vir a cometer crime, a pena é aplicável a título de culpa, se a este título é punível o fato". *A contrario sensu*, se o agente, nas circunstâncias previstas naquele parágrafo, *não previu, nem podia ver* que, no estado de embriaguez completa, voluntária ou culposa, pudesse vir a cometer crime, só restaria sua isenção de pena.

## 7 A embriaguez voluntária ou culposa

21. Somente em relação à embriaguez, voluntária ou culposa, impor-se-ia alterar o disposto no art. 28, II, do Código Penal. Não há qualquer justificativa para substituir os arts. 26, 27 e 28 do Código Penal pelos arts. 32, 33 e 34, *caput*, do Anteprojeto.

A expressão "outro estado análogo" incluída no art. 32, II, e seu parágrafo único, II, constitui inovação. Não me ocorre qual seja aquele *outro estado análogo*. Seja como for, se análogo ao da embriaguez "completa" e proveniente de "caso fortuito ou força maior", seria mesmo de inimputabilidade.

Assim sendo, não tendo havido modificações de conceitos na matéria referente à inimputabilidade, exceto quanto à embriaguez voluntária ou culposa, cuja alteração, proposta no Anteprojeto, está, expressamente, justificada. Somente em relação a esta parte, impor-se-ia alterar o disposto no art. 28, II, do Código Penal. Não há qualquer justificativa para substituírem-se os arts. 26, 27 e 28 do Código Penal pelos arts. 32, 33 e 34, *caput*, do Anteprojeto. Aliás, nem se procurou justificar esta total substituição.

22. Cabe ponderar que o texto do art. 33, II, do Anteprojeto, tal como está redigido, pode suscitar rejeição no Congresso Nacional, porque não qualifica "a embriaguez" como *completa*, e, além de referir-se apenas a "embriaguez", *ainda admite "estado análogo" a ela*, o que dará margem a tentativas de transformar qualquer perturbação da saúde mental ou estado emocional em estado análogo ao da embriaguez, voluntária ou culposa, como expediente de defesa.

Isto posto, para que não se perca a oportunidade de eliminar a hipótese de "responsabilidade objetiva", ainda existente em nosso Código Penal, seria prudente cercar a proposta de mais cautela. Ousamos sugerir o seguinte texto para substituir o do inciso II do art. 33 do Anteprojeto: "em estado de embriaguez completa, voluntária ou culposa, pelo álcool ou substância de efeitos análogos, se, ao iniciar o consumo da substância, não podia prever que, no estado posterior de embriaguez, pudesse vir a cometer crime".

## 8 Atualizar não é adotar teoria inacabada

23. Como constou da bem elaborada "Justificação" do Requerimento 756, de autoria de S.Exa., o insigne Senador Pedro Taques, professor que é, mostrou-se preocupado com a *questão constitucional* da

reforma penal "porque — diz S.Exa. naquela 'Justificação' — a Constituição de 1988, ao direcionar o Brasil rumo à construção de um Estado social e democrático de Direito, superou velhos dogmas do liberalismo clássico ao contemplar em seu texto os direitos sociais como direitos fundamentais e, junto a eles, a exigência de ações políticas positivas por parte do Estado visando sua implementação". E mais adiante, no referido documento, aduz: "Assim, uma vez considerado que o atual Código Penal está umbilicalmente ligado com as fontes do passado liberal-individualista, torna-se imprescindível uma releitura do sistema penal à luz da Constituição, tendo em vista as novas perspectivas normativas pós-88".

No pertinente à adequação da *Parte Geral do Código Penal de 1984 ao texto da Constituição de 1988*, o recurso ao instituto da "recepção", como já referido, permite afirmar que, transcorridos 25 anos de vigência da Constituição e quase 30 de vigência da Lei nº 7.209, *por enquanto, não se soube de norma da referida Parte Geral que não tenha sido "recepcionada" pela Constituição.*

O Conselho Nacional de Política Criminal e Penitenciária, órgão incumbido de sugerir a política criminal do País, já se manifestara a respeito, pois, quando o Dr. Saulo Ramos, como Consultor Geral da República, tentou reformular a legislação penal brasileira, propondo alterações de normas *penais* e *processuais penais*, o projeto Saulo fora submetido àquele Conselho e o então seu Presidente, o saudoso Jurista Evandro Lins e Silva registrou que aquele Conselho, à unanimidade, admitira modificações *"processuais penais*, mas vetando, de modo absoluto, qualquer modificação da Parte Geral do Código Penal".[9] O Prof. René Ariel Dotti, que, como consagrado Professor de Direito Penal, pertencera, inicialmente, à Comissão de Juristas, manifestara-se sobre a Parte Geral do Código Penal de 1984 assim: "na opinião uniforme de operadores jurídicos e da crítica especializada foi não apenas recepcionada pela Carta Política de 1988 como antecipou-se a ela ao estabelecer princípios e regras de um sistema penal e penitenciário melhor afeiçoado ao bom direito e à condição humana".[10]

---

[9] Carta ao Ministro da Justiça, escrita pelo saudoso Jurista, renunciando à Presidência do Conselho Nacional de Política Criminal e Penitenciária, por discordar da proposta de reforma penal de Saulo Ramos. A carta fora publicada no *Jornal do Advogado*, da Secional da OAB de São Paulo, ano XIII, n. 133, p. 14.

[10] Cf. DOTTI, René Ariel. Algumas bases ideológicas do Projeto 236/2012. *Boletim IBCCRIM*, v. 20, n. 240, p. 2-4, nov. 2012.

ANTEPROJETO DA PARTE GERAL DO CÓDIGO PENAL – A PROPOSTA DE INCLUSÃO DA TEORIA... | 73

O inolvidável Prof. Heleno Cláudio Fragoso pronunciou-se nos seguintes termos:

> Decidindo reformar por completo a nossa legislação penal, o Ministro da Justiça designou, em 1980, comissão de juristas, sob a presidência do professor Francisco de Assis Toledo, a qual decidiu realizar a reforma do CP de 1940 por etapas. Primeiramente seria revista a Parte Geral, e, em seguida, a Parte Especial. Seguia-se assim o exemplo da Alemanha. Em 1981 foi publicado o Anteprojeto de Lei Modificativo da Parte Geral, para receber sugestões. Submetido ao processo de elaboração legislativa no Congresso, o projeto foi finalmente aprovado, sendo promulgada, em 11 de julho de 1984, a Lei nº 7.209. *A Nova Parte Geral introduz numerosas disposições que aperfeiçoam tecnicamente o CP no que diz respeito à aplicação da lei penal e ao fato punível (teoria do delito).*[11] (grifos nossos)

A Parte Geral do Código Penal despertou tanto interesse no meio jurídico, inclusive no exterior, que de um dos tradutores do Tratado de Jescheck, o notável professor espanhol Francisco Muñoz Conde, mereceu tradução, de cujo original temos uma cópia, por nímia gentileza do inesquecível colega Prof. Luiz Luisi.

Entretanto, o que se percebe na Parte Geral do Anteprojeto, é o propósito de dar a impressão de inovações, mediante mudanças de redação, mantidos o mesmo sentido e alcance dos textos substituídos ou modificados, de tal forma que não se justificam as modificações ou substituições, senão pelo propósito de mudar, para não ficar sem mudanças...

De novo, o que realmente existe é a proposta de introduzir em nossa lei penal normas de uma doutrina, considerada, por alguns, "moderna", cujas primeiras ideias foram lançadas por Richard Honig *em 1930* e, ao que se sabe, tais ideias vêm sendo trabalhadas até hoje por seus continuadores, que ainda não as consideram acabadas, o que será aqui demonstrado pela transcrição do que escreveram ou disseram a respeito.

O Anteprojeto da atual reforma penal está, agora, sujeito à aprovação ou não do Senado da República, tendo como Relator o insigne Senador Pedro Taques, sem duvida, o membro daquela Casa mais credenciado para opinar sobre a matéria — não só por ser quem teve a iniciativa da reforma penal, mas, sobretudo, por seus já demonstrados

---

[11] FRAGOSO, Heleno Cláudio. *Lições de direito penal*: a nova parte geral. 7. ed. Rio de Janeiro: Forense, 1985. p. 67-68, n. 61-A.

conhecimentos técnicos e sua experiência como Procurador da República e professor de direito constitucional, matéria que é fonte de todas as normas penais e processuais penais. O que dá a certeza de que o Anteprojeto, nesta altura já Projeto de Lei nº 236, do Senado da República, será analisado de modo imparcial, criterioso e técnico, por quem está com a enorme responsabilidade de opinar sobre as modificações de redação propostas na Parte Geral do Código Penal e sobre a *precursora iniciativa de introduzir na legislação penal brasileira uma teoria inacabada* e, como tal, ainda não introduzida na legislação do país de origem, o que, por enquanto, a torna inconveniente, inoportuna e desnecessária para solução dos casos criminais ocorrentes.

## 9 O Código Penal estaria à margem da investigação científica

24. Na Exposição de Motivos, que acompanha a *Parte Geral do Anteprojeto* do Código Penal, consta, como motivação para as alterações de redação e inovação do texto do art. 13 do Código vigente que:

> Filiado ao caminho da *conditio sine qua non*, deixava-se o conceito de causa ser contido somente pelos critérios subjetivos de imputação(dolo e culpa) à margem da investigação científica das penúltimas e últimas décadas do século XX, que o restringe também por critérios objetivos. Ao condicionar a imputação à decorrência da criação ou incremento de risco proibido, tipicamente relevante, dentro de seu arco de proteção, a proposta aproxima-se das doutrinas da imputação objetiva.[12]

Contudo, reconheceu-se que já eram adotados "critérios subjetivos" para "conter o conceito de causa" e para a imputação jurídica do resultado, não obstante, foram propostos "critérios objetivos" para o mesmo fim, sendo que não constam os motivos de tal proposta. A não ser que se tenha, como único motivo pelo qual aqueles "critérios objetivos" foram propostos, o fato de, segundo os autores da proposta, estar o Código vigente "à margem da investigação científica das penúltimas e últimas décadas do século XX".

---

[12] *Relatório Final*, Exposição de Motivos da Parte Geral, p. 216.
Observação: à p. 218, consta o nome de Marcelo André de Azevedo, bem como às p. 227 e 256. O Dr. Marcelo André de Azevedo é membro da Comissão de Juristas, nobre e culto representante do Ministério Público do Estado de Goiás. Faz supor que tenha sido o autor da Exposição de Motivos da Parte Geral ou de alguns de seus textos. Contudo, não se lhe pode atribuir a autoria de toda a Exposição de Motivos, sendo que, se autor desta, modestamente, atribuiu o seu trabalho à Comissão.

## 10 "O estado da investigação científica" no dizer de seus autores e adeptos

25. A "investigação científica" à margem da qual, segundo se alega, estaria o Código vigente, seria investigação sobre a Teoria da Imputação Objetiva, a qual, por enquanto, não foi adotada no Código Penal do próprio país onde está surgindo, nem no Código do país de onde procedem as traduções das obras dos autores que a concebem, como se passa a demonstrar.

Claus Roxin, Catedrático de Direito Penal da Universidade de Munique, de cuja doutrina o Anteprojeto não, apenas se aproxima, mas está seguindo, iniciou o seu famoso ensaio "Reflexões sobre a problemática da imputação no Direito Penal" com as seguintes palavras:

> Faz agora *quarenta anos* que Richard Honig em seu ensaio "Causalidade e imputação objetiva" expôs uma série de ideias que marcaram a direção a seguir para fundamentar o sistema do Direito Penal e que até o momento não se esgotaram por completo. Seguir um pouco os seus passos e examinar desde uma perspectiva atual sua ininterrupta fecundidade me parece que é tarefa que merece a pena.[13] (grifos nossos)

Este ensaio é de 1970, portanto, de 44 anos atrás, somados aos 40 anos anteriores ao próprio ensaio, como dele consta, verifica-se que já são transcorridos oitenta e três anos de trabalho desde as ideias de Honig.

Roxin concebeu os "critérios objetivos" de imputação do resultado, explicando em sua obra, com a honestidade intelectual, própria dos autênticos cientistas, que:

> *A ressurreição da teoria da imputação, que entrou em ampla decadência na segunda metade do século XIX*, sob a fascinação do pensamento causal orientado às ciências naturais, *não se produziu até os anos sessenta deste século. Por isso, seus resultados ainda estão sem assegurar em muitos aspectos e não se produziu sua recepção na jurisprudência.*[14] (grifos nossos)

---

[13] ROXIN, Claus. Reflexiones sobre la problemática de la imputación en el Derecho Penal. *In*: ROXIN, Claus. *Problemas básicos del Derecho Penal*. Traducción de Diego-Manuel Luzón Peña. Madrid: Reus, 1976. p. 128.

[14] ROXIN, Claus. *Derecho Penal*: Parte General: Fundamentos; La estructura de la teoría del delito. Traducción de Diego-Manuel Luzón Peña, Miguel Díaz y García Conlledo y Javier de Vicente Remesal. Madrid: Civitas, 1997. t. I, p. 364, §11, n. 38.

26. Por sua vez, Günther Jakobs, autor de uma das correntes doutrinárias da Teoria da Imputação Objetiva, fez quatro exposições para as XVI Jornadas de Direito Penal, organizadas pela Universidad Externado de Colombia, as quais foram traduzidas e publicadas, sendo que, em Prólogo desta publicação, o eminente Catedrático de Direito Penal e Filosofia do Direito da Universidade de Bonn, escreveu:

> As teses que aqui se expõem são conhecidas na Espanha — como também na Alemanha — se bem não aceitas unanimemente; não pude tratar todas as controvérsias essenciais, pois, ao contrário a exposição da teoria ficaria sem base.[15]

Carlos Suárez González e Manuel Cancio Meliá elaboraram um "Estudo Preliminar" ao texto das quatro exposições de Günther Jakobs, e, no início daquele estudo, afirmaram que:

> Na dogmática jurídico penal dos últimos anos têm sido apresentadas, cada vez com maior êxito, propostas que, sob o rótulo de "imputação objetiva", pretendem introduzir novas soluções para certos problemas situados no campo da tipicidade. Estas propostas, sem embargo, procedem de muitas distintas origens sistemáticas e nem sequer coincidem sempre em seus resultados, *de modo que não se pode falar ainda de que exista uma teoria da imputação objetiva.*[16] (grifos nossos)

Eis aí o que dizem os respeitados tradutores.

Os ilustres Professores, no mencionado estudo preliminar, concluem "*que deve ficar claro que este corpo dogmático da imputação objetiva é ainda um organismo em desenvolvimento;* sem embargo, o presente trabalho contribui de forma poderosa para que suas características venham cristalizando-se cada vez com maior nitidez"[17] (grifos nossos).

27. No mesmo sentido, entre nós, o Prof. Fernando Galvão, na introdução de sua bem elaborada monografia, escreveu: "Embora os esforços para elaborar uma teoria geral da imputação objetiva *estejam ainda em seus primeiros passos,* hoje já se pode alinhar suas linhas

---

[15] JAKOBS, Günther. *La imputación objetiva en Derecho Penal.* Traducción de Manuel Cancio Meliá. Madrid: Civitas, 1996. p. 12.

[16] SUÁREZ GONZÁLEZ, Carlos; CANCIO MELIÁ, Manuel. Estudio preliminar. *In*: JAKOBS, Günther. *La imputación objetiva en Derecho Penal.* Traducción de Manuel Cancio Meliá. Madrid: Civitas, 1996. p. 21.

[17] SUÁREZ GONZÁLEZ; CANCIO MELIÁ. Estudio preliminar. *In*: JAKOBS. *La imputación objetiva en Derecho Penal,* p. 88.

mestras". Ainda na mesma monografia, a primeira conclusão é de que: "*A doutrina da imputação objetiva ainda não está acabada, porém, suas linhas fundamentais já podem ser visualizadas*".[18] (grifos nossos)

28. A demonstrar que se tratava e ainda se trata de "doutrina" em elaboração, desde as ideias expostas por Honig em 1930, mais de 80 anos passados, ainda são significativas as divergências entre as mais expressivas figuras, da Teoria da Imputação Objetiva, reveladas tais divergências durante o Seminário realizado na Universidade Pompeu Fabra, em 1998, do qual participaram: Claus Roxin, Günther Jakobs, Bernd Schünemann, Wolfgang Frisch e Michael Köhler, sendo que o Prof. Jesús-María Silva Sánchez, Coordenador do Seminário, registrou as referidas divergências no "Informe sobre as Discussões", que elaborou ao fim do notável evento.[19]

É de ressaltar-se que o Prof. Jesús-María Silva Sánchez, coordenador do seminário acima referido, em nota preliminar, explicou: "Em minha condição de coordenador das jornadas, assumi a seleção dos Expositores e lhes assinei as matérias que acabaram por expor. A ideia era de que cada um procedesse a uma caracterização do *status questionis* em seu respectivo tema".[20]

29. O Prof. Wolfgang Frisch, da Universidade de Friburgo, em maio de 1998, abrindo aquele Seminário, pronunciou-se assim:

> Responder à questão acerca da situação atual da teoria da imputação objetiva não é uma tarefa simples. Esta dificuldade atende, antes de tudo, ao caráter sumamente difuso do objeto. A expressão "imputação objetiva" sói utilizar-se com conteúdos consideravelmente divergentes, de maneira que para cada uma das formas de entendê-las existe um estado atual da discussão. No marco deste breve trabalho não posso abordar as diversas interpretações da teoria da imputação objetiva realizadas nos últimos decênios, senão unicamente posso aproximar-me das concepções mais importantes.[21]

---

[18] GALVÃO, Fernando. *Imputação objetiva*. Belo Horizonte: Mandamentos, 2000. p. 12, 108.

[19] SILVA SÁNCHEZ, Jesús-Maria. Informe sobre las discusiones. *In*: ROXIN, Claus *et al. Sobre el estado de la Teoría del Delito*: Seminario en la Universitat Pompeu Fabra. Madrid: Civitas, 2000. p. 181-207.

[20] SILVA SÁNCHEZ, Jesús-Maria. Nota preliminar. *In*: ROXIN, Claus *et al. Sobre el estado de la Teoría del Delito*: Seminario en la Universitat Pompeu Fabra. Madrid: Civitas, p. 19.

[21] Cf. FRISCH, Wolfgang. La Imputación Objetiva: estado de la cuestión. *In*: ROXIN, Claus *et al. Sobre el estado de la Teoría del Delito*: Seminario en la Universitat Pompeu Fabra. Madrid: Civitas, 2000. p. 21-67.

30. Hans-Joachim Rudolphi, Catedrático da Universidad Autónoma de Madrid, é, também, de opinião que: "Se bem os esforços para elaborar uma teoria geral da imputação objetiva de um resultado *se encontrem ainda em seu começo*, já podem mostrar-se hoje algumas consequências essenciais: e passa a expor alguns dos conhecidos exemplos da Teoria da Imputação Objetiva"[22] (grifos nossos).

31. Hans-Heinrich Jescheck, Catedrático de Direito Penal de Friburgo em Brisgóvia, depois de referir-se ao "extraordinário alcance que adquire a responsabilidade por obra da causalidade" menciona, para limitação do alcance da causalidade, "três corretivos seguintes: teoria da imputação objetiva, pelos elementos da ação do respectivo tipo e pela exigência de dolo ou de imprudência".[23]

Mais adiante, ainda no §28, IV, trata da "nova teoria da imputação objetiva" nos seguintes termos:

> A dogmática mais recente tem acolhido os pontos de vista que oferecem as teorias da adequação e da relevância para restrição da responsabilidade jurídico penal e com a ajuda de ulteriores argumentos, tem desenvolvido uma teoria da imputação objetiva que, *embora não tenha sido formulada todavia de forma acabada, já revela que grupo de casos devem contemplar-se e que critérios devem guiar uma solução*.[24] (grifos nossos)

## 11 O respeito devido aos autores e aos que já aderiram à Teoria da Imputação Objetiva

32. Tamanho é o respeito à autoridade intelectual dos autores da Teoria da Imputação Objetiva e o apreço devido aos que pensam do mesmo modo, e tão categóricas são as afirmações de alguns dos divulgadores da Teoria, em traduções e artigos ou livros e em algumas decisões aqui analisadas, que, nesta altura, poderíamos dizer o mesmo que Juarez Tavares informa ter sido a situação, em outro tempo, sobre a Teoria Finalista de Ação: "Quem não se ajustasse aos seus parâmetros estaria decididamente condenado ao inferno, porque contrariando a ordem essencial das coisas".[25]

---

[22] RUDOLPHI, Hans-Joachim. *Causalidad e imputación objetiva*. Traducción de Claudia López Díaz. Bogotá: Universidad Externado de Colombia; Centro de Investigaciones de Derecho Penal y Filosofía del Derecho, 1998. p. 32, n. 58.

[23] JESCHECK, Hans-Heinrich. *Tratado de Derecho Penal*: Parte General. Traducción de Santiago Mir Puig y Francisco Muñoz Conde. Barcelona: Bosch, 1981. v. 1, p. 380, §28.

[24] JESCHECK. *Tratado de Derecho Penal*: Parte General, v. 1, p. 389.

[25] TAVARES, Juarez. *Teoria do injusto penal*. Belo Horizonte: Del Rey, 2000. p. 153.

Contudo, arrisco-me a fazer algumas considerações sobre a Teoria da Imputação Objetiva com a finalidade de demonstrar a inconveniência, *por enquanto*, de fazer de nossa legislação penal *precursora*; o que não pode impedir a quem queira, para excluir a imputação, valer-se dos critérios da referida Teoria, sujeitando-se a que o Ministério Público ou o Magistrado, fundamentando-se na falta de fundamento legal, indefira a pretensão. Não se ignora, porém, que haja quem sustente comportar a nossa lei interpretação segundo a qual se aplicam os critérios objetivos daquela Teoria para, juridicamente, excluir-se a imputação do resultado ao seu autor.

Por via das duvidas, os autores do Anteprojeto consideraram necessário propor, no parágrafo único do art. 14 do Anteprojeto, que "O resultado exigido *somente* é imputável a quem lhe der causa *e se decorrer* da criação ou incremento de risco tipicamente relevante, dentro do alcance do tipo" (grifos nossos). Quer dizer o resultado não será imputável a quem lhe der causa, dolosa ou culposamente, se não decorrer, também, da criação ou incremento de risco.

## 12 O risco e a infração ao dever de cuidado

33. O risco constitui, sem duvida, a ideia central da Teoria da Imputação Objetiva. Em seu minucioso ensaio de 1962,[26] Claus Roxin deixa isso claramente evidenciado, quando expõe os casos do "ciclista", do "farmacêutico", do "pelo de cabra" e da "novocaína". Após mencionar e divergir das soluções dadas a estes casos por outros penalistas, Roxin, no item V, do referido ensaio, sob o título "La solución propia: el principio del incremento del riesgo", propõe-se apresentar sua opção pela exclusão da imputação jurídica do resultado em cada caso.

A seu ver, para solução dos referidos casos:

> [...] a pergunta decisiva é a seguinte: Como se pode reconhecer se uma infração de cuidado, que vai acompanhada de uma causação de morte fundamenta ou não um homicídio imprudente? Como método para respondê-la quisera propor o seguinte procedimento: Examine-se que conduta não se poderia imputar ao autor, *segundo os princípios do risco permitido, como infração do dever*; compare-se com ela a forma de atuar do processado, e comprove-se então se na configuração dos fatos a

---

[26] ROXIN, Claus. Infracción del deber y resultado en los delitos imprudentes. *In*: ROXIN, Claus. *Problemas básicos del Derecho Penal*. Traducción de Diego-Manuel Luzón Peña. Madrid: Reus, 1976. p. 149.

julgar, *a conduta incorreta do autor incrementou a probabilidade de produção do resultado em comparação com o risco permitido*. Se assim é, *haverá uma lesão do dever* que enquadrará no tipo e haverá que castigar por delito imprudente. Se não há aumento do risco não se pode atribuir o resultado ao agente que, em consequência, deve ser absolvido.[27] (grifos nossos)

34. Aí está a relevância do "risco permitido" para, juridicamente, imputar, ou não, o resultado ao agente, sendo que, para excluir a imputação, não pode haver infração ao dever de cuidado, de modo a incrementar o risco, e, tendo havido infração ao dever de cuidado, exigível nas circunstâncias, consequentemente, há incremento do risco e imputação do resultado ao seu autor.

Contudo, o próprio Roxin afirma que: "o conceito de risco permitido se utiliza em múltiplos contextos, porém, *sobre sua significação e posição sistemática reina a mais absoluta falta de clareza*". Após esta assertiva, Roxin analisa outros significados atribuídos ao "risco permitido" e conclui:

> *Aqui se vai entender por risco permitido uma conduta que cria um risco juridicamente relevante, porém que, de modo geral, (independentemente do caso concreto), está permitida* e por isso, a diferença das causas de justificação, exclui já a imputação ao tipo objetivo. *Protótipo do risco permitido é a condução automobilística* **observando todas as regras do tráfego viário**. Não se pode negar que o tráfego viário constitui um risco relevante para a vida, a saúde e bens materiais, o que prova irrefutavelmente a estatística de acidentes. Não obstante, o legislador permite o tráfego viário (*no limite de determinadas regras de cuidado*) porque o exigem interesses preponderantes do bem comum.[28] (grifos nossos)

Ainda segundo Roxin, "a delimitação do risco permitido a respeito dos casos em que não se cria em absoluto um risco relevante nem sempre é fácil, *tanto mais que a elaboração dogmática desta figura jurídica se acha ainda em seus inícios*"[29] (grifos nossos).

35. Do mesmo modo, para Juarez Tavares:

> Devem-se entender por risco permitido aqueles perigos que resultem de condutas que, por sua importância social e em decorrência de sua

---

[27] ROXIN. Infracción del deber y resultado en los delitos imprudentes. *In*: ROXIN. *Problemas básicos del Derecho Penal*, p. 149.

[28] ROXIN. *Derecho Penal*: Parte General, t. I, p. 371, §11, n. 55-56.

[29] ROXIN. *Derecho Penal*: Parte General, t. I, p. 372, §11, n. 57.

costumeira aceitação por todos como inerentes à vida moderna, sejam social e juridicamente tolerados. Tal se dá com os riscos resultantes do tráfego rodoviário, ferroviário e aéreo, com as atividades desempenhadas em usinas, minas, metalurgias, indústrias, em hospitais, institutos de pesquisas e outros que possam gerar perigo ao bem jurídico. *Desde que observadas as regras atinentes a essas atividades, compreende-se que não se podem imputar aos seus agentes os resultados danosos ou perigosos daí advindos.* Por exemplo, se A obedecendo *rigorosamente, as regras de condução de veículos,* vem a causar a morte de B, não responderá por ela. Outro exemplo: *uma vez atendidas as normas de segurança,* não pode ser imputada ao diretor do hospital, a título de lesão corporal, a infecção adquirida por um médico ou por uma enfermeira, no decorrer do tratamento de um paciente. Um terceiro exemplo: A, *devidamente autorizado,* guarda em sua casa, *dentro de uma gaveta bem trancada,* um revólver, destinado exclusivamente à sua defesa pessoal; seu filho adolescente, porém, sem que o pai soubesse, arromba a gaveta e com a arma dispara contra seu colega, matando-o. A morte da vítima não pode ser imputada ao pai, porque, independentemente da previsão ou não do resultado, sua conduta se situava dentro do risco permitido.[30] (grifos nossos)

## 13 Os exemplos e a relevância da infração ao dever de cuidado

Em cada exemplo supra citado, emerge a *exigência de observância ao dever de cuidado, indispensável para que o risco seja permitido.* Para Roxin, como já citado, "protótipo do risco permitido é a condução automobilística *observando todas as regras do tráfego viário*" (*vide* n. 34, *supra*). Do mesmo modo, Juarez Tavares, após considerar de aceitação por todos, como inerentes à vida moderna, os riscos nos tráfegos mencionados e nas atividades desempenhadas em usinas, minas, metalurgia, indústrias, em hospitais, institutos de pesquisa e outros que possam gerar perigo ao bem jurídico, acrescenta *desde que observadas as regras atinentes a essas atividades* (*vide* n. 35, *supra*). Ora, é tão relevante a observância às regras ou normas próprias ao exercício de cada atividade que, se houver infração ao dever de cuidado, consistente na inobservância das regras devidas, o dano ou perigo concreto, causado ao bem jurídico protegido pelo tipo penal, é, jurídico-penalmente, imputável ao seu autor.

---

[30] TAVARES. *Teoria do injusto penal,* p. 227.

## 14 Observância ao dever de cuidado e o Direito Penal dito "tradicional"

36. No Direito Penal, chamado "tradicional", sempre se teve a observância ao dever de cuidado como elemento integrante dos conceitos de *imprudência, negligência* ou *imperícia*, que são modalidades do crime culposo. Por enquanto, tem sido nos crimes culposos que a Teoria da Imputação Objetiva vem elaborando os chamados *critérios objetivos* de exclusão da imputação jurídica no âmbito do tipo, considerada a observância ao dever de cuidado, que integra o conceito da culpa no direito penal e é essencial ao risco permitido.

Além disso, visa a Teoria da Imputação Objetiva limitar o alcance da equivalência dos antecedentes causais e quer solucionar, no âmbito do tipo objetivo, a problemática da imputação jurídica do resultado ao seu autor. Para este fim, não seria necessário o recurso aos *critérios objetivos* da Teoria da Imputação Objetiva porque tal limitação já era atendida pelo corretivo do *elemento subjetivo,* como se reconheceu na Exposição de Motivos da Parte Geral do Anteprojeto de Reforma do Código Penal (p. 216).

Um dos propósitos da Teoria da Imputação Objetiva é o de solucionar o problema da exclusão ou imputação jurídica do resultado ao seu autor no âmbito do tipo objetivo, independentemente da culpabilidade e até da antijuridicidade ou ilicitude (*vide* n. 34, *supra*). Mas, desde que o dolo e a culpa passaram a integrar o tipo penal, tornara-se, também, possível solucionar a questão da imputação ou exclusão jurídica do resultado ao seu autor, no âmbito do tipo, sem precisar chegar aos outros elementos do fato punível.

37. *Mas, a solução da imputação jurídica do resultado no âmbito do tipo,* **no plano prático**, *depende menos de elementos* **objetivos** *ou* **subjetivos do tipo** *do que da natureza do tratamento que seja dado à questão pelo Representante do Ministério Público, a quem incumbe o oferecimento, ou não, da denúncia, e ao Magistrado a quem compete a rejeição ou recebimento da peça acusatória.*

Atualmente, a Lei nº 11.719, de 23.06.2008, que alterou o Código de Processo Penal, no art. 395, de modo expresso, deu oportunidade a que o Ministério Público possa resolver, no campo do tipo, a exclusão da imputação jurídica do resultado ao seu autor, por falta de elemento subjetivo ou objetivo do tipo, deixando de denunciar, enquanto o magistrado, pela mesma disposição legal do art. 395 do CPP, poderá rejeitar a denúncia, se oferecida.

# 15 Decisões que dispensam a Teoria da Imputação Objetiva

38. Ver-se-á em seguida, a título de exemplo, nas decisões trazidas no Anexo ao livro do Prof. Américo Braga Júnior,[31] que o Ministério Público não opina no sentido da solução da imputação jurídica no âmbito do tipo objetivo ou subjetivo, nem os magistrados resolvem a questão rejeitando as denúncias, como faculta a lei. Os casos são levados até os tribunais e, aí, são feitas longas e eruditas exposições dos critérios da Teoria da Imputação Objetiva, porém, *no dispositivo dos acórdãos*, quando mencionado algum daqueles critérios, verifica-se que, se tal menção não tivesse sido feita, a decisão seria a mesma, porque, em nenhum dos casos, fora feita menção de qualquer critério objetivo como fundamento único da decisão.

39. No livro citado, a partir da p. 93, fora examinado o REsp nº 822.517,[32] tendo, como Relator, o insigne Min. Gilson Dipp, ex-Presidente da Comissão de Juristas que elaborou o Anteprojeto de Reforma do Código Penal. Neste caso, em seu voto, o preclaro Relator, demonstrou absoluto domínio das teses da Teoria da Imputação Objetiva, as quais expôs com sabedoria, mas manteve a decisão recorrida argumentando: "Reconheço que o réu agiu com culpa *stricto sensu* na modalidade de imprudência, seja por dirigir em alta velocidade, seja por dirigir movido por efeito alcoólico, seja ainda pela negligência de não se ater ao cuidado objetivo de fiscalizar o uso do cinto de segurança pela passageira-vítima". Mais adiante, em seu voto, S.Exa. acrescenta: "Vislumbra-se que nas instâncias ordinárias entendeu-se pela responsabilidade criminal do réu, porque o mesmo teria agido em inobservância ao dever de cuidado objetivo".

Tal inobservância ao dever de cuidado é um conceito comum ao direito penal, quer na Teoria da Imputação Objetiva, quer no denominado direito penal "tradicional". Logo, no presente acórdão, embora muitas referências tenham sido feitas às teses da Teoria da Imputação Objetiva, a negativa de provimento ao recurso, não se fundou, isoladamente, em qualquer delas. E, se não tivessem sido expostas, a conclusão seria a mesma e fundada na imprudência e na negligência, modalidades da inobservância ao dever de cuidado.

---

[31] BRAGA JÚNIOR, Américo. *Teoria da Imputação Objetiva*: nas visões de Claus Roxin e Günther Jakobs. Belo Horizonte: Ius Editora, 2010. A partir da p. 93, como Anexos, foram trazidos acórdãos do STJ e de Tribunal de Minas Gerais. As páginas indicadas, no texto dos acórdãos expostos, referem-se à obra aqui citada.

[32] STJ. REsp nº 822.517/DF, 5ª Turma. Rel. Min. Gilson Dipp. Julg. 12.06.2007. *DJ*, 29 jun. 2007

40. Na obra do ilustre Professor Braga Júnior, fora citado, também, outro acórdão do STJ, proferido no HC nº 46.525,[33] embora não tenha sido um delito ocorrido no trânsito, foi, no entanto, a espécie julgada *como homicídio culposo, porque, de fato, tinha tais características*. É feita esta referência porque, em regra, as teses da imputação objetiva são alegadas nos delitos do trânsito, *mas, por serem, em regra, julgados como culposos; não sem considerar a infração ao dever de cuidado exigível nas circunstâncias*, o que sempre constituiu, também, exigência indispensável para a configuração da culpa no direito penal dito "tradicional".

No caso, tratava-se de uma festa de formatura, realizada em um clube social, e se alegou que a vítima teria sido jogada dentro da piscina por seus colegas ou se lançara nela, sem estar em condições, em razão do uso de psicotrópicos, tendo, em consequência, morrido.

Alegou-se que estaria drogada, porém, a perícia não chegou a tal conclusão. Não obstante, do voto do Relator constou "que houve consentimento do ofendido na ingestão de substâncias psicotrópicas. Em casos tais, ocorre a exclusão da responsabilidade, pois se trata de *autocolocação em risco*, consoante afirma abalizada doutrina". Porém, segundo a doutrina "tradicional", se os fatos tivessem ocorrido como argumentou o Relator, não se poderia imputar o resultado morte a qualquer membro da Comissão de Formatura, pois a vítima ter-se-ia lançado à piscina, por vontade própria, não obstante o suposto estado de drogada em que estaria.

O Relator considerou excludente da imputação objetiva a *"autocolocação em risco"*, adotada, no seu dizer, por "abalizada doutrina".

41. Contudo, sua excelência considerou oportuno ressaltar o teor do 2º Voto Vogal integrante do acórdão, e o transcreveu assim:

> Portanto, nesse aspecto há que se dizer que se a vítima sofreu o acidente porque estava drogada, infelizmente, o fez *sponte propria*, não havendo qualquer elemento nos autos que pudesse incriminar ao menos um dos membros daquela infeliz Comissão de Formatura! De se ressaltar ainda que nem mesmo que a vítima estava drogada se pode afirmar, porque a perícia não realizou o exame de urina necessário para se verificar se ela se utilizara ou não de drogas. Eis o laudo pericial: "Em função da falta de um histórico clínico e da coleta de urina (exame de uso de substância psicotrópica) da vítima, não foi possível identificar a causa do afogamento nas condições existentes" (fls. 102). E a culpa de tal exame não

---

[33] STJ. HC nº 46.525/MT, 5ª Turma. Rel. Min. Arnaldo Esteves Lima. Julg. 21.03.2006. *DJ*, 10 abr. 2006.

ser realizado não é dos pacientes. Nesse aspecto também a conclusão é: se frasco de lança perfume foi encontrado no local, que culpa teria a Comissão? Será que se esperaria que os pacientes ficassem na Portaria fazendo revista nos convidados para apreender possíveis drogas? É isso que se espera de uma Comissão de Formatura? Com todo respeito a resposta é não! Então, quem trouxe a droga? Se ao menos uma das testemunhas ouvidas houvesse apontado um membro, pelo menos, da Comissão, ainda poderíamos falar de indícios. Mas isso não ocorreu. Então, se a droga foi motivo da morte da vítima, e também isso não se sabe, que nexo de causalidade haveria entre a conduta dos estudantes e o fato em si? Nenhum...

Este *habeas corpus* fora concedido, embora o Ministro Relator, em seu voto tenha-se referido *à "permissão de risco", à "autocolocação em risco", ao "princípio da confiança",* o dispositivo da decisão foi o seguinte: Pelo exposto, *concedo a ordem impetrada, para trancar a ação penal em relação a todos os denunciados, com base no artigo 580 do Código de Processo Penal, em razão da inépcia da denúncia, por fazer acusação sem um mínimo de individualização das condutas dos acusados,* bem como *em razão da atipicidade da conduta narrada, pela ausência de previsibilidade, de nexo de causalidade* e [...] de criação pelos pacientes de um *risco não* permitido. (grifos nossos)

Vê-se, sem qualquer esforço de raciocínio, que a ordem fora concedida por inépcia da denúncia, bem como em razão da atipicidade da conduta narrada, pela ausência de previsibilidade, de nexo de causalidade e de criação pelos pacientes de um risco não permitido, ficando bem claro que, se não constasse do dispositivo da decisão *ausência de criação pelos pacientes de um risco não permitido; a concessão da ordem continuaria suficientemente fundamentada.*

Este acórdão constitui mais um exemplo, no qual à conclusão se chegara, sem que fosse necessário, como razão de decidir, qualquer dos fundamentos da Teoria da Imputação Objetiva. Houvesse ou não "risco permitido", o resultado do julgamento seria o mesmo: *pelos outros fundamentos da decisão, todos do direito penal "tradicional" e de processo penal.*

42. Foram trazidos, também, em Anexo, no livro do Prof. Américo, três acórdãos de uma das Câmaras do antigo Tribunal de Alçada de Minas Gerais, cujos Juízes, extinto aquele Tribunal, passaram ao Tribunal de Justiça como Desembargadores; e alguns deles integraram a 5ª Câmara Criminal do Tribunal de Justiça, mantendo ali a orientação que vinham adotando, segundo a qual os Relatores demonstravam conhecimentos da Teoria da Imputação Objetiva, que chamaram de "moderno Direito Penal".

Embora tenham sido feitas longas exposições sobre os critérios normativos de exclusão da imputação do resultado pela Teoria da

Imputação Objetiva, em nenhum dos ditos acórdãos qualquer daqueles critérios fora a razão única de decidir e cabe ressaltar que, em qualquer deles, o resultado seria o mesmo, se o Relator não se tivesse referido às criações da Teoria da Imputação Objetiva.

43. A análise do primeiro dos referidos acórdãos, à p. 111 da obra citada, é bastante para evidenciar o que acima foi mencionado. Com efeito, naquele acórdão, cujo processo tem o número 2.0000.00.319282-7/000, por engano, constou como se tivesse sido proferido pelo TJMG, mas a decisão foi do Tribunal de Alçada; embora conste o nome do Relator, está, em seguida, "Relator do Acórdão: *não informado*". Estes são pequenos equívocos que podem, apenas, dificultar a localização em alguma pesquisa.

No início do voto do Juiz Relator, consta que:

> O Ministério Público ofereceu denúncia [*veja-se que não se cogitou de solução no âmbito do tipo e o Juiz recebeu a denúncia*] contra W.H.O., já qualificado, porque o apontado réu, conforme apurado no inquérito policial, no dia 29.03.1996, na Rodovia MG 410, conduzia seu veículo Mercedes-Benz, na Rodovia MG 410, sentido Presidente Olegário/ BR-040, quando por volta das 20h40, na altura do quilômetro 75, colidiu de frente com o veículo Fusca, cor branca, placa GMJ-9004, que vinha em sentido contrário, causando a morte de seu condutor, J.D.R., conforme auto de corpo de delito (f.45-TA). Apurou-se que o condutor do Fusca invadiu a contramão direcional, colidindo com o veículo guiado pelo réu que desenvolvia velocidade incompatível para o local. A conduta do acusado foi classificada no art. 121,§3º, do CP (f.2-3, TA).[34]

Sobre as características do veículo conduzido pelo réu a perícia afirmou ser "veículo articulado com trator e semirreboque", e tal particularidade de "ser articulado" não constou na menção feita à denúncia na p. 111, no início do voto. Na mesma perícia ou laudo pericial — como constou do voto do Relator:

> O parecer dos peritos, anexado à f.22-TA é enfático no sentido de que, ante os dados colhidos no local, "[...] somos de parecer que o acidente foi motivado pelo condutor do veículo 03 (Fusca), por trafegar sua unidade na faixa esquerda da rodovia, ou seja na contramão de direção, interceptando assim a trajetória do veículo articulado com trator e

---

[34] Cf. BRAGA JÚNIOR. *Teoria da Imputação Objetiva*: nas visões de Claus Roxin e Günther Jakobs, p. 112.

semi-reboque. Cabe, no entanto, salientar que a unidade articulada 01 e 02 desenvolvia velocidade superior à permitida para o local, trazendo consigo um alto risco de acidente, determinando um significativo acréscimo nas proporções dos danos [...]" (f.22-23, TA).[35]

Logo após esta transcrição do parecer dos peritos, o ilustre Relator fez a seguinte consideração: "Como se percebe, o risco que se viu materializado no resultado danoso foi originado pela própria vítima, ao invadir com seu veículo a contramão direcional".

Além do parecer técnico, constou, no voto do Relator, que a testemunha que trafegava, na mesma via, logo atrás do veículo dirigido pela vítima, declarou que:

> [...] o motorista do fusca (dizemos nós: a vítima) parecia estar embriagado, pois não conseguia dirigir em sua mão de direção, ora indo para a direita (acostamento),ora indo para a esquerda, invadindo a outra pista, que com muita dificuldade conseguiu ultrapassar o fusca.

Diante desta prova, não seria possível atribuir-se ao motorista do veículo Mercedes-Benz responsabilidade penal pela morte da vítima, *pela razão muito simples de que o acidente **não fora obra sua, mas da própria vítima**. Logo, estava sem objeto qualquer cogitação sobre "ausência de imputação jurídica do resultado" pelos critérios objetivos ou subjetivos, pois estes pressupõem a "imputação física" como obra de seu autor. No voto do Relator é transcrita lição do Prof. Fernando Galvão, segundo a qual:

> A responsabilização pela produção do resultado jurídico-penal relevante impõe investigação, que se subdivide em duas etapas. Por primeiro, se for o caso de crimes materiais, verifica-se a relação causal no plano empírico. Confirmada a causalidade, segue-se a atribuição normativa do resultado ao seu autor.[36]

Como é óbvio, segundo esta lição, não havendo nexo causal entre a conduta do réu e o resultado, falta o primeiro elemento para formar-se juízo sobre a produção do resultado jurídico-penal relevante como obra de seu autor. O próprio Relator do acórdão, no corpo de seu

---

[35] Cf. BRAGA JÚNIOR. *Teoria da Imputação Objetiva*: nas visões de Claus Roxin e Günther Jakobs, p. 114.
[36] GALVÃO. *Imputação objetiva*, p. 38.

voto, por mais de uma vez, com base na perícia e no depoimento da testemunha, afirmara que o acidente fora causado pela invasão da pista à esquerda pelo motorista do Fusca, entretanto, o Ministério Público havia denunciado o condutor do veículo Mercedes-Benz como autor do acidente e consequente morte da vítima.

Por isso, o Relator, em face da prova, tendo de dar provimento ao recurso do denunciado, usando a terminologia da Teoria da Imputação Objetiva, declarou no seu voto: "Pelo exposto, por ausência de *imputação objetiva* do resultado ao réu, dou provimento ao recurso, com fulcro no art. 386, III, do Código de Processo Penal".

Outro magistrado, não preocupado em aplicar as normas da Teoria da Imputação Objetiva, teria, também, absolvido por não haver nexo de causalidade entre a conduta do réu e o resultado, sendo de considerar-se que a existência da *"relação causal no plano empírico"*, conforme o citado ensinamento do Prof. Fernando Galvão, *é a primeira etapa da investigação sobre a responsabilização pela produção do resultado jurídico-penal relevante.*

Isto posto, neste como em outros casos, somente se pôde chegar à "ausência de Imputação Objetiva" após a constatação da inexistência da relação causal entre a conduta do agente e o resultado. No caso concreto, admitiu-se que o denunciado estaria trafegando em velocidade não permitida, criando situação de perigo, porém, como o resultado não foi a materialização do perigo criado pela velocidade não permitida para o local, quer dizer não houve relação de causa a efeito entre a velocidade não permitida e o resultado concreto, por isso, excluiu-se a imputação objetiva. Daí, a procedência da afirmação segundo a qual, independentemente, da alegação de "ausência da imputação objetiva", o recurso poderia ser provido para absolver-se o réu por não ter sido o resultado obra sua.

Tal conclusão, em parte, não exclui o pronunciamento de um dos mais cultos Juízes daquele Tribunal, que disse:

> Sra. Presidente, o voto do eminente Relator é brilhante na análise da *Teoria* da *Imputação Objetiva* do resultado, aplicável a casos como o dos autos, de acidente de trânsito. S.Exa. discutiu a questão no âmbito desta Teoria, ainda muito nova no Direito Penal Alemão e mesmo no Direito Penal Brasileiro e utilizou-se, para resolver o caso do chamado critério da exclusão da *imputação* do resultado da conduta do agente, quando, ainda que a vítima tivesse atuado de forma alternativa, conforme o direito, o resultado teria ocorrido da mesma maneira, sem nenhum incremento do risco.

Enganou-se o nobre e culto juiz porque, se a vítima tivesse atuado de forma alternativa, *conforme o direito*, o resultado *não* teria ocorrido da mesma maneira, pois, a hipotética conduta alternativa seria a de não *invadir a contramão direcional* e, se não tivesse havido aquela invasão, o resultado não seria o mesmo, pois não teria ocorrido o acidente. A afirmação de ser "ainda muito nova no direito penal alemão a Teoria da Imputação Objetiva", depende do conceito de modernidade que se adote e da prova que se tenha sobre a data do surgimento da Teoria naquele país. Claus Roxin diz ter exposto suas ideias *pela primeira vez* no artigo "Reflexões sobre a problemática da imputação no Direito Penal",[37] como aqui transcrito no n. 25, *supra*.[38]

Ora, este artigo de Roxin foi publicado em *1970*, logo, até o momento são passados 44 anos. Se computados os 40 anos que o antecederam, a partir dos quais surgiram as ideias da imputação objetiva, pode-se contar mais de 80 anos de surgimento de tais ideias. É certo que, para os efeitos de valoração científica da idade de uma determinada teoria, o seu número de anos nem sempre é um critério aceitável.

Seja como for, com as considerações aqui feitas, não se nega o brilhantismo do Relator na "análise da Teoria da Imputação Objetiva". Só que não era indispensável na fundamentação do voto, *por faltar à espécie o pressuposto que seria a "imputação física do resultado" ao réu, o que, nos dizeres da dita Teoria, seria "ausência de imputação objetiva"*.

Viu-se que, no citado acórdão, embora bem exposta a "Teoria da Imputação Objetiva" não havia necessidade de cogitar-se de qualquer dos critérios objetivos de exclusão da imputação jurídica, pela razão muito simples de que não houvera imputação física, que a Teoria da Imputação Objetiva não dispensa, embora procurando limitar o seu alcance, o que, também, o direito penal dito "tradicional" tem feito com o corretivo do elemento subjetivo (dolo ou culpa), como foi reconhecido na Exposição de Motivos.[39]

44. No acórdão seguinte, do processo 1.004503001246-7/001,[40] em caso de acidente de trânsito, ao réu, apelante, deu-se absolvição:

> [...] pela ausência de provas da desatenção na direção do veículo automotor imputada ao apelante, seja pela inadmissibilidade de presunções

---

[37] Cf. ROXIN. *Derecho Penal*: Parte General, t. I, p. 364, §11, n. 41a.

[38] ROXIN. Reflexiones sobre la problemática de la imputación en el Derecho Penal. *In*: ROXIN. *Problemas básicos del Derecho Penal*, p. 128.

[39] *Relatório Final*, Exposição de Motivos da Parte Geral, p. 216.

[40] Cf. BRAGA JÚNIOR. *Teoria da Imputação Objetiva*: nas visões de Claus Roxin e Günther Jakobs, p. 115.

*in malam partem*, seja pela imprevisibilidade do evento lesivo, seja pela culpa exclusiva da vítima e, por fim, pela *Teoria da Imputação Objetiva* e o princípio da confiança, o apelante deve ser absolvido das imputações contidas na denúncia. *Conclusão*: Por tais considerações *dou provimento ao recurso do apelante, absolvendo-o das imputações contidas na denúncia*, com fulcro no art. 386, incisos III e VI do Código de Processo Penal.

Mas, não só se ventilou o "princípio da confiança" por parte do réu, mas, inclusive, a "auto exposição a perigo" por parte da vítima. É óbvio que nenhum dos dois princípios da Teoria da Imputação Objetiva era indispensável à conclusão absolutória a que chegara o ilustre Relator, porque, como consta do dispositivo supra, fundou-se a decisão na "ausência de provas da desatenção na direção do veículo automotor imputada ao apelante, seja pela inadmissibilidade de presunções *in malam partem*, seja pela imprevisibilidade do evento lesivo, seja pela culpa exclusiva da vítima". *Até aqui estava suficientemente fundamentada a absolvição, pelo que, se não constasse* "e, por fim, pela Teoria da Imputação Objetiva e o princípio da confiança", o apelante já estaria absolvido pelos fundamentos anteriormente mencionados.

45. Outro acórdão, de que o nome do Relator "consta", mas está escrito "Relator não informado" e do qual, também, não se deu o número do processo, mas se encontra às p. 121-127 da obra *Teoria da Imputação Objetiva*, já citada.

Neste caso, enquanto a perícia considera 40 km/h. como a velocidade permitida no local, o Relator argumenta que "numa avenida cujas pistas de rolamento são bem delimitadas por linha dupla contínua, com boa visibilidade, às três horas da madrugada, não é de se considerar como excessiva a velocidade que o apelado admitiu que imprimia a seu veículo, qual seja, 60 km/h", e aduz S.Exa., o Relator:

> Levadas a efeito tais considerações, a meu ver, a velocidade admitida pelo apelado, à mingua de qualquer prova em contrário, mantinha-se dentro de alguma margem de segurança. Por isso, ainda que se considere que o apelado criou um risco proibido (gerando, em consequência, *imputação objetiva* da conduta), não se pode, de forma alguma, afirmar que exista uma conexão entre tal risco incrementado e o resultado que sobreveio. Não há, dessarte, *imputação objetiva* do resultado. É que, me parece claro, ainda que o réu estivesse a 40 km/h, o acidente teria ocorrido da mesma forma, haja vista que foi a vítima quem se auto colocou em perigo, realizando travessia abrupta em região absolutamente imprópria para tanto, como se revelaram unânimes todas as testemunhas ouvidas. Nesse azimute, a precisa lição de Fernando Galvão, a saber:

"Se a realização da conduta conforme o direito tivesse conduzido ao mesmo resultado, não seria possível a imputação, pois, embora descuidada a conduta do motorista, não aumentou o risco já existente de produzir-se o resultado".

Ainda que se considere que o apelado criou um risco proibido, não se pode, segundo o Relator, de forma alguma, afirmar que exista conexão entre tal risco e o resultado, nesta hipótese, o acidente não precisaria ser visto nem sobre a suposta falta "de incremento do risco", *nem como suposta "auto exposição a perigo"*, mas, se resolveria, exclusivamente, por não ser o resultado obra do apelante, logo, por falta de nexo de causalidade entre a sua conduta e o resultado, já que se admite que "se outra fosse sua conduta, o resultado teria ocorrido da mesma forma, mas, se tal ocorresse, não haveria, do mesmo modo, nexo de causalidade entre a ação do réu e o resultado".

Neste julgamento, como naqueles outros, embora tenham sido expostos "critérios objetivos" de exclusão da imputação jurídica, concluiu-se que os argumentos expendidos pelo sentenciante "revelam o acerto da absolvição, também, conforme a Teoria Finalista em sua vertente mais clássica [sic] (WELZEL), que desconhece o aspecto axiológico da tipicidade, mas traz a culpa exclusiva da vítima como excludente de responsabilidade penal. Tudo considerado nego provimento para confirmar a bem lançada sentença, por seus próprios fundamentos".

46. Em face das circunstâncias em que, no ultimo acórdão citado, considerou-se aplicável auto exposição a risco, é conveniente lembrar *"como e por que"* Roxin admitiu a "auto exposição a perigo" como critério normativo para exclusão da imputação jurídica do resultado ao seu autor. Não basta constatar que a pessoa tenha agido de modo a expor-se a perigo, mesmo porque a perigo todos nós estejamos sempre a nos expormos. Eis um dos exemplos de auto exposição a perigo narrado por Claus Roxin:

> *A* aconselha a *B* a atravessar um lago com gelo quebradiço. Se ao fazê-lo o temerário *B*, que se dá perfeita conta do perigo, encontra a morte, apresenta-se a questão de se *A* pode ser-lhe exigível responsabilidade — segundo sua intenção — por homicídio imprudente ou doloso. A isso deve-se responder negativamente em virtude das valorações às quais se baseia a lei. Dado que, segundo o Direito alemão, é em princípio impune a participação no suicídio, quer dizer em uma ação de matar-se dolosamente, ou também em uma auto-lesão impune, tampouco pode

ser punível a cooperação em uma auto-exposição a perigo dolosa. Pois se pode provocar-se impunemente o mais (auto-lesão) com maior razão há de poder provocar-se o menos (a auto-exposição a perigo).[41]

Neste exemplo, trazido por Roxin, existem duas circunstâncias que dão caráter específico à auto exposição a perigo: a manifestação da vontade e consciência, por parte da futura vítima e por parte do participante de que a conduta exporia a perigo; ainda, o fato de, no direito penal alemão, não ser punível a participação no suicídio.

Convém assinalar que, no Anteprojeto do Código Penal, ora apresentado, procura-se criar condição para compatibilizar com a Teoria da Imputação Objetiva o tratamento dado ao *auxílio ao suicídio, que não será punível*, "sem que da ação resulte ao menos lesão corporal grave" (art. 123, §1º) e o Juiz "*deixará de aplicar a pena* avaliando as circunstâncias do caso, bem como a relação de parentesco ou estreitos laços de afeição do agente com a vítima" (art. 123, §2º).

47. No acórdão à p. 127 da obra citada, de que fora Relator um dos mais lúcidos e cultos magistrados do Tribunal de Justiça que, na época deste julgamento, ainda era Juiz da 2ª Câmara Criminal do Tribunal de Alçada, o fato objeto do acórdão foi por S.Exa. assim exposto:

> Estando o agente transportando pessoas na carroceria do caminhão, com a permissão da Justiça Eleitoral, no qual foram instalados bancos para que os eleitores viajassem assentados, tendo a vítima, com o veículo em movimento, se levantado para fazer "xixi" na traseira do caminhão, vindo a perder o equilíbrio e cair e falecer em razão da queda, o comportamento desta é que determinou a ocorrência do resultado lesivo, já que espontaneamente favoreceu o incremento da situação de risco, com a qual o condutor do caminhão em nada contribuiu. Logo, não há como lhe debitar o fatídico resultado, pela simples relação naturalística entre a condução do caminhão e o resultado fatal. Recurso ministerial improvido.

No julgamento da espécie, o ínclito magistrado discorreu longa e sabiamente sobre a Teoria da Imputação Objetiva, acentuando a preferência da dita Teoria pela orientação "problemática" e pelos critérios normativos para a imputação jurídica. É certo, como afirmara o eminente Relator, "que o nexo de causalidade físico não mais implicaria, por

---

[41] ROXIN. *Derecho Penal*: Parte General, t. I, p. 387, §11, n. 86. Roxin cita outros exemplos no mesmo sentido e analisa, em seguida, as variações jurisprudenciais sobre a auto exposição a perigo.

si só, em nexo de causalidade jurídica" (p. 132, *in fine*, da obra citada), mas, se não há nexo de causalidade física, como no caso, senão entre a conduta da própria vítima de fazer micção na estrada, estando dentro da traseira do caminhão em movimento, acabando por desequilibrar-se e cair, morrendo em consequência da queda, o resultado não pode ser imputado ao condutor do veículo como seu autor. Por isso mesmo, não há que se cogitar de qualquer dos critérios normativos da Teoria da Imputação Objetiva para prover-se a apelação, mantendo-se a sentença recorrida, pois, se o resultado não foi obra do acusado, não há possibilidade de imputação jurídica.

Mais de uma vez, já se havia repetido, na mesma Câmara Criminal, a lição do Prof. Fernando Galvão, segundo a qual "a responsabilização pela produção do resultado jurídico-penal relevante impõe investigação, que se subdivide em duas etapas. Por primeiro, se for caso de crimes materiais, verifica-se a relação causal no plano empírico. Confirmada a causalidade, segue-se a atribuição normativa do resultado ao seu autor".[42]

Neste acórdão, transcreveu-se trecho de Flávio Roberto D'Ávila, no mesmo sentido da lição *supra, in verbis*: "A tradicional análise mecânico-natural passa a constituir o primeiro momento na apuração da *imputação objetiva*; presente o vínculo causal, parte-se para um segundo momento, que verificará a existência de critérios eminentemente normativos".[43]

A presença do vínculo causal do acusado com o resultado, conforme as lições transcritas, é o objeto da imputação jurídica; se não existe o objeto — que é o nexo causal — não há sobre o que incidirem os critérios normativos ou qualquer outro critério para a exclusão da imputação jurídica do resultado. Não há imputação jurídica a ser feita, porque não se estabeleceu nexo causal entre a conduta do condutor do veículo e o resultado morte da vítima, pois considerou-se provado que a própria vítima deu causa à sua morte, ao proceder como procedera.

Daí, a razão pela qual, no dispositivo da decisão, o nobre e culto Relator negou provimento ao recurso Ministerial, "por entender que o lamentável acidente somente ocorreu por comportamento inadequado e imprudente da vítima".[44] Tal fundamento era *suficiente para chegar-se à*

---

[42] GALVÃO. *Imputação objetiva*, p. 38.
[43] Cf. BRAGA JÚNIOR. *Teoria da Imputação Objetiva*: nas visões de Claus Roxin e Günther Jakobs, p. 133.
[44] Cf. BRAGA JÚNIOR. *Teoria da Imputação Objetiva*: nas visões de Claus Roxin e Günther Jakobs, p. 139.

*conclusão a que se chegara, mantendo-se a sentença absolutória. Não haveria nenhuma falta e não se modificaria a conclusão do julgamento, se não constassem referências ao incremento de risco ao "princípio de confiança" ou à "auto exposição a perigo"*, como atos imputáveis à vítima, pois, nenhum efeito de relevância jurídico-penal poderia ter para o acusado, porque o acidente *não fora obra sua*, e, para a vítima, que morreu, nenhum efeito, também, por razões óbvias.

Mais uma vez, as referências aos critérios normativos de exclusão da imputação jurídica do resultado, segundo a Teoria da Imputação Objetiva, embora expostos com muita maestria, não seriam necessários para afastar, como afastada fora, a imputação feita ao condutor do veículo.

48. No último julgado, que se encontra à p. 140 do livro do insigne Prof. Braga Júnior, "trata-se de apelação interposta por A.G.S. contra a sentença que o condenou pela prática do homicídio culposo previsto no art. 302 do Código de Trânsito Brasileiro. Narram os autos que, em data de julho de 1999, o apelante, dirigindo o veículo Ford/Courier placa GRP 3882, colidiu com o veículo Mercedes-Benz L2219, dirigido por B.G.S., que trafegava com os faróis apagados, sendo que os passageiros que estavam sendo transportados pelo apelante na carroceria do veículo foram projetados ao solo, ocasionando morte da vítima J.N.O.".

O digno e culto Relator, com a competência que lhe é reconhecida, faz as seguintes considerações:

> A *imputação objetiva* serve para limitar a responsabilidade penal, constituindo-se em um mecanismo para delimitar o comportamento proibido. Ancorada em um sistema coerente de interpretação que se infere da função desempenhada pelo direito penal na sociedade, sua finalidade é analisar o sentido social de um comportamento, precisando se este encontra-se ou não socialmente proibido e se tal proibição é relevante para o direito penal. Neste sentido, foram elaborados vários critérios negativos da *imputação objetiva*, ou seja, hipóteses em que não haverá a valoração da conduta como juridicamente relevante para que o resultado a ela seja imputado, entre eles, *o que nos interessa para resolução do caso em tela, a exclusão da imputação pelo consentimento em uma auto-colocação em perigo*. Não haverá *imputação* quando alguém, desejando livre e conscientemente uma situação de risco, se coloca em perigo utilizando outra pessoa. (grifos nossos)

Mais adiante, em seu voto, o Relator aduziu:

> Na hipótese dos autos, a vítima se colocou numa situação de risco, por livre e espontânea vontade, servindo o apelante apenas como instrumento

de realização de sua conduta perigosa, *pois, pediu que fosse transportada na carroceria do automóvel, mesmo ciente das condições irregulares.* (grifos nossos)

49. Não obstante a fundamentação acima transcrita, o dispositivo da decisão se vale de conceitos da doutrina dita tradicional, pois, assim está redigido: "Com essas considerações, entendendo que o trágico acidente somente pode ser imputado ao comportamento imprudente da vítima, com a participação negligente do co-réu, *absolvo* o apelante, com fulcro no art. 386, inciso III, do Código de Processo Penal".

Afinal, quanto à absolvição, o Relator fora vencido, prevalecendo o voto da Juíza Revisora, que manteve a condenação do apelante e apenas reduzira o prazo de suspensão da sua habilitação para dirigir, sendo seu voto acompanhado integralmente pelo vogal.

Enquanto o Relator menciona que a vítima "pediu para que fosse transportada na carroceria", a Magistrada dele divergiu, ao afirmar que:

[...] conforme relatado por todas as testemunhas o acusado *oferecera carona às vítimas*. Transportando-as na carroceria do veículo Ford/Courier. Ora, esse tipo de transporte não oferece qualquer segurança para seus passageiros. Assim, indiscutivelmente, agiu o apelante, voluntariamente, produzindo um resultado antijurídico e não querido, porém previsível. Sua conduta foi de inobservância do dever de cuidado objetivo, em nítida transgressão das normas de trânsito, causando um resultado lesivo involuntário. Portanto, data vênia, não há como aplicar no caso em comento a *Teoria da Imputação Objetiva*, porque, indiscutível nos autos a existência do nexo causal entre sua conduta e o resultado final, sendo certa a negligência atribuída ao apelante, eis que, todas as provas colacionadas caminham suficientemente neste sentido. Ficou devidamente comprovada a lesão ao dever de cuidado, sendo plenamente previsível a hipótese de que as pessoas que se encontravam na carroceria poderiam cair da mesma, a qualquer momento, se fosse efetuada uma manobra brusca, quanto mais após um choque tão violento. Diante de tais considerações, divirjo do Relator e dou parcial provimento ao recurso somente para reduzir o prazo de suspensão da habilitação para dirigir veículo automotor. (grifos nossos)

O vogal acompanhou o voto da nobre Desembargadora.

# 16 Passo a fazer comentários sobre algumas outras propostas de alterações da *Parte Geral* do Código Penal

50. A Exposição de Motivos, que acompanha a Parte Geral, iniciou-se nos seguintes termos:

*Não há pena sem culpabilidade.* A primeira inovação digna de nota na Parte Geral vem logo no artigo 1º. Após repetir a tradicional fórmula que vem desde o Código Criminal do Império — não há crime sem lei anterior, nem pena sem prévia cominação legal — adotada por igual pelo art. 5º. da Constituição Federal, a proposta sugere o acréscimo de parágrafo dizendo que "não há pena sem culpabilidade". Consagra-se, deste modo [...], o Direito Penal do fato e da culpabilidade, infenso à responsabilidade objetiva e à condenação do ser ou do modo de ser da pessoa. É o fato, medido sob a régua constitucional da proteção dos bens jurídicos, anteriormente definido em lei, que pode sujeitar alguém à responsabilização, na medida de sua reprovabilidade.[45]

Mais adiante, a Comissão, na Exposição de Motivos, reafirma sua preferência pelo *"Direito Penal do fato e da culpa"*, segundo o qual "apenas ações ou omissões que ofendam, efetiva ou potencialmente, bens jurídicos podem ser punidas". E aduz: "Não se punem estilos de vida, formas de pensar ou escolhas morais, a não ser que se coloquem como meio para ofensa a bens jurídicos".[46]

# 17 Culpabilidade – Antes de tudo, elemento do conceito do fato punível

*Fazer constar da lei* o princípio de que "não há pena sem culpabilidade" constitui, realmente, uma inovação, porque, *na doutrina e nos tribunais*, sempre se observara tal princípio. Dele decorre a conclusão de que se não admite a *responsabilidade objetiva*, que ocorre quando se imputa a alguém responsabilidade por um resultado a que não deu causa, que não previu nem podia prever, nas circunstâncias em que se encontrava, sendo-lhe, portanto, inexigível um comportamento de conformidade com o direito, pelo que, também, não incide no juízo de reprovação próprio da culpabilidade.

# 18 Repugnância à responsabilidade objetiva ou sem culpa

51. Repugna ao Direito Penal do Estado Democrático de Direito toda forma de responsabilidade objetiva, mesmo a contida sob a suposta responsabilidade penal da pessoa jurídica, como a do art. 41 do Anteprojeto, que faz o representante legal da entidade responder pelo dano

---

[45] *Relatório Final*, Exposição de Motivos da Parte Geral, p. 207.
[46] *Relatório Final*, Exposição de Motivos da Parte Geral, p. 228.

por esta causado, por exemplo, contra o meio ambiente, pelo só fato de ser seu representante legal, ainda que não tenha tido prévia ciência daquele ato, nem participado de deliberação sobre o mesmo porque, inclusive, encontrava-se no Exterior a serviço da empresa.

É óbvio que o dano causado ao meio ambiente ou a qualquer outro bem jurídico, por pessoa física ou jurídica, deve ser reparado e pode até ser objeto de punição, mediante procedimento e sanção compatíveis com a natureza da pessoa jurídica, não havendo a menor possibilidade de compatibilizar-se a natureza da pessoa jurídica com responsabilidade penal, que pressupõe a culpabilidade, e esta a consciência da ilicitude. Além de que a sanção específica do direito penal é a pena privativa da liberdade, impossível de ser executada contra a pessoa jurídica e se o que se quer é que alguém, Diretor ou preposto, cumpra a pena, ao invés da empresa, aí então se consagra, sem qualquer cerimônia, uma escancarada forma de responsabilidade objetiva.

52. Ao atribuir a necessária relevância à culpabilidade, deve-se considerar, porém, que, antes de ser "medida da pena", a culpabilidade é um dos elementos do conceito do fato punível e só serve à medida da pena por consistir em juízo de reprovação à conduta do agente, por ter agido de modo contrário ao direito, quando, nas circunstâncias em que se encontrava, lhe era exigível outra conduta, incidindo, por isso, no juízo de reprovação do ordenamento jurídico e da sociedade.

53. Mas o grau de reprovação social do condenado, a ser considerado na dosimetria da pena, há de ser formado *pela natureza do fato típico praticado*, mas, também, *pelo juízo de valor sobre os antecedentes do agente, sua personalidade e motivo do crime*. Nem por isso tratar-se-ia do chamado direito penal do autor, no sentido de uma culpabilidade somente pela "conduta da vida". Ninguém pode ser chamado aos Juízos ou tribunais para ser julgado, por sua conduta da vida e sem que lhe seja imputada a realização de um *fato típico concreto*. Tal imputação é indispensável para que o indivíduo seja processado, julgado e, se condenado, ser-lhe imposta a pena, atendendo às circunstâncias objetivas e subjetivas do fato imputado, tal como previsto no art. 59 do Código Penal.

A reprovação social da conduta do agente é formada, antes de tudo, pela natureza do fato ou tipo de injusto praticado. Não há duvida de que se tem de considerar o *fato*, mas não se pode esquecer de que o seu autor é uma criatura humana, cujos vícios e virtudes não podem ser ignorados quando se pretende julgá-lo e talvez puni-lo pela prática de um crime.

54. Afinal, como ensinou Jescheck, "o correto parece **a união de ambas as concepções**. O núcleo do conceito de culpabilidade só pode

ser a culpabilidade pelo fato individual, mas o Direito Penal deve ter em conta também a miúdo a culpabilidade do autor"[47] (grifos no original).

A pena dependerá da natureza do fato, dos antecedentes do agente, de sua personalidade e de sua motivação, evitando-se, no entanto, o "bis in idem" consistente na consideração, mais de uma vez, das mesmas circunstâncias que já foram objeto de juízo de valor pelo Legislador, quando elaborou o tipo penal, e, pelo juiz, quando fez adequação do fato ao tipo.

## 19 A lei mais benigna segundo a proposta do Anteprojeto

55. A Comissão resolveu dar a forma de chegar-se à lei mais benigna dispondo no §2º do art. 2º que: "O juiz poderá combinar leis penais sucessivas, no que nelas exista de mais benigno". O texto poderia suscitar arguição de inconstitucionalidade, sob a alegação de que, fazendo-se a combinação das partes mais favoráveis ao réu, constantes de cada uma das leis, estar-se-ia elaborando uma lei nova, usurpando função do Poder Legislativo. A Comissão não ignorou esta objeção, mas supôs poder afastá-la, antepondo-lhe a seguinte resposta:

> Ciente da polêmica sobre se a combinação de leis sucessivas não faria do Juiz penal um legislador *ad hoc*, a Comissão entendeu que não se trata de autorizar a mistura de leis vigentes, mas da eficácia ultrativa da lei que regia o fato, se mais favorável, com a eficácia retroativa da lei nova, igualmente favorável. Não ofende o sistema de separação dos poderes autorizar o Juiz à referida combinação de eficácias normativas. Além do mais, esta solução é mais adequada do que determinar a aplicação em bloco da lei mais favorável, posto que esta, em algum trecho, poderia malferir o comando constitucional obstativo da retroação gravosa.

Predomina o entendimento de que não é possível a combinação de partes dos textos de duas leis para elaborar uma terceira.

## 20 A solução apresentada para o concurso aparente de normas

56. Foram propostos princípios para solucionar o chamado "Concurso Aparente" de normas, *aparente* porque, afinal, não há conflito algum,

---

[47] JESCHECK. *Tratado de Derecho Penal*: Parte General, v. 1, p. 538, §38, n. 3.

sendo aplicável apenas uma das normas aparentemente concorrentes. Três são os princípios com os quais são os supostos conflitos resolvidos: a *consunção*, a *especialidade* e a *subsidiariedade*. No art. 12 e seus parágrafos do Anteprojeto, dispondo sobre a matéria foram mantidas regras gerais adotadas pela doutrina, agora explicitadas e, segundo as quais, o tipo penal da lei especial prefere ao da lei geral e o tipo penal que constitua ou qualifique crime exclui outro. Segundo o princípio da consunção a infração maior absorve a menor, por exemplo, o homicídio absorve o porte da arma com a qual fora cometido. Concluiu-se na Exposição de Motivos que "a subsidiariedade, a consunção e a técnica da descrição típica de conteúdo variado foram expressamente acolhidas para indicar que não haverá plural responsabilização penal, mas somente a do bem jurídico protegido pela norma correta". A Comissão quis tornar legais os princípios que, segundo a doutrina, regem a questão do concurso aparente de normas.

## 21 O acidente de trânsito e o dolo eventual

57. No art. 18, inciso I, deu-se nova redação ao dolo direto e ao eventual, *in verbis*: "Diz-se o crime: I - doloso, quando o agente quis realizar o tipo penal ou assumiu o risco de realizá-lo, consentindo ou aceitando de modo indiferente o resultado".

Embora a questão do "dolo eventual" constitua matéria, dogmaticamente, controvertida, não há duvida de que se impõe evitarem-se decisões divergentes sobre fatos da mesma natureza, as quais são frequentes sobre os crimes ocorridos no tráfego rodoviário, em face de suas proporções alarmantes, as autoridades incorrem no equívoco de considerá-los crimes com dolo eventual, na suposição de que, se dando tratamento mais severo aos autores de tais crimes, possam ser reduzidas suas ocorrências.

Há de convir-se em que a lei penal não poderia tratar do mesmo modo quem feriu ou matou porque *quis* ou admitiu ferir ou matar, praticando um crime *doloso*; e quem matou *sem querer*, tendo dado causa ao ferimento ou à morte, quando agiu confiado, imprudentemente, em que seria capaz de evitar o resultado danoso e não o conseguira. Em tais circunstâncias, diz-se o crime *culposo*, porque o condutor deu causa ao acidente por imprudência, negligência ou imperícia e não porque tenha querido ou assumido o risco de causá-lo.

58. Mas há quem argumente que a imprudência, às vezes, é tão grande que se pode dizer que o condutor assumiu o risco de produzir o

resultado e o Código Penal dispõe que o crime é doloso não só quando o agente quis o resultado, mas, também, quando assumiu o risco de produzi-lo.

Entretanto, só se pode considerar que o agente assumiu o risco de responder pelo resultado *quando ele o prevê como consequência de sua ação e age assim mesmo, isto é, age aceitando a hipótese de dar causa ao resultado previsto como consequência de sua ação.* Se o agente, prevendo o resultado, não desiste de sua intenção de agir, como se dissesse a si mesmo "haja o que houver, custe o que custar, vou agir assim mesmo", e o resultado lesivo ao bem jurídico, efetivamente, ocorre; aí sim, a conduta é equivalente à daquele que age com vontade e consciência de produzir o resultado, por isso, deve responder pelo resultado por dolo eventual.

Mas não é possível, em razão somente da gravidade do resultado, atribuir-se o dolo ao responsável por um acidente de trânsito, se não há prova, absolutamente clara e insofismável, de que o condutor do veículo previu ou podia prever o resultado e, antes de agir, aprovou a sua ocorrência, consistente no dano ao bem jurídico protegido que, afinal, se produziu.

É necessário distinguir a ação de quem prevê o resultado lesivo ao bem jurídico e age admitindo a sua ocorrência, e a conduta daquele que prevê o resultado e, de modo algum, o admite e age confiado em que poderá evitá-lo e não o consegue. Evidentemente, diversa é a situação de um e de outro, logo, a pena cominada não poderia ser a mesma para ambos.

59. Assim sendo, é necessária uma definição que torne mais nítida a distinção entre dolo eventual e culpa. A previsibilidade do resultado é elemento que pode contribuir para que se estabeleça mais clara diferença entre o dolo e a culpa. Este é, também, o ponto de vista manifestado pela Comissão, na ultima frase da Exposição de Motivos, à p. 217. Mas, na definição constante do inciso I do art. 18, não fora utilizada a *previsibilidade* como elemento essencial à diferenciação. Talvez o art. 18 pudesse ser assim redigido: "Diz-se o crime doloso, quando o agente quis realizar o tipo penal ou, embora não o quisesse, previu a possibilidade do resultado típico como consequência de sua conduta e, indiferente à sua previsão, praticou aquela conduta, produzindo o resultado previsto".

## 22 A tentativa e o início da execução

60. No que se refere à tentativa, repetiu-se, no art. 22 do Anteprojeto, o texto do art. 14 do Código Penal, alterando-se a posição de localização

das rubricas, sendo que, no Anteprojeto, sobre o texto do art. 22 e seus incisos foi aposta a denominação: "Consumação e Tentativa". A pena, também, continuou sendo a do crime consumado diminuída de um a dois terços. Uma das questões de mais difícil solução da dogmática jurídico-penal é a da fixação do início de execução. A Comissão estava bem consciente disso, pois afirmou que:

> O início da execução do delito, verificado de acordo com os critérios do art. 16, §2º, deste mesmo projeto, é que servirá de marco para o exame da culpabilidade. A partir dele ter-se-á a consumação, a tentativa, a desistência, o arrependimento, ou seja, fatos penalmente relevantes. Antes disso, a esfera da liberdade individual não pode ser penalmente constrangida.[48]

Aníbal Bruno escreveu o seguinte: "Dos atos preparatórios passa o crime à fase de execução. Neste ponto é que se levanta um dos mais árduos problemas na matéria — o da determinação de um critério diferencial entre atos preparatórios e ato executivo". Em seguida, o mesmo Mestre destaca dois critérios de diferenciação: um material outro formal e passa a conceituá-los: "O primeiro vê o elemento diferencial no ataque direto ao objeto da proteção jurídica, isto é, no momento em que o bem juridicamente protegido é posto realmente em perigo pelo atuar do agente". E, mais adiante, aduz: "Mas, formalmente, o começo da execução se marca pelo início da realização do tipo e dentro deste critério é que se têm desenvolvido as mais interessantes considerações na matéria". Explica assim: "Tudo está em assentar se, com o determinado momento, o agente já entrou na realização do tipo, isto é, se já começou o ato de matar ou o ato de subtrair, ou o ato de falsificar, segundo o objetivo que o autor tinha em vista. Começa aí a agressão ao bem jurídico, no sentido da figura típica penal, e com esse começo de agressão o começo da execução, que caracteriza a tentativa".[49]

61. No Anteprojeto, resolveu-se definir, legalmente, o momento do "início da execução" e foram admitidos critérios diferenciais de ordem "material" e de ordem "formal". O Texto ficou assim redigido: "Art. 24. Há o início da execução quando o autor realiza *uma das condutas constitutivas do tipo* ou, segundo seu plano delitivo, pratica atos

---

[48] *Relatório Final*, Exposição de Motivos da Parte Geral, p. 228.
[49] Cf. BRUNO. *Direito Penal*, v. 2, p. 610-612.

imediatamente anteriores à realização do tipo, que exponham a perigo o bem jurídico protegido" (grifos nossos).

*Para que haja* início de execução quando o autor realiza **uma das condutas** constitutivas do tipo, tratar-se-ia de um crime de *ação múltipla*, cujo tipo pode realizar-se por qualquer das condutas indicadas pelos verbos integrantes do tipo. Há de convir-se em que, se o agente realiza uma das condutas constitutivas do tipo, já está em plena execução e não em seu início. Melhor representaria o início de execução estar o agente realizando *atos da esfera de ação do verbo típico*. Se o plano delitivo é o de matar, ou melhor, o dolo é de matar, o ato inicial consiste em escolher o instrumento adequado ao fim, empunhá-lo e movê-lo na direção da vítima; *se o instrumento empregado é uma arma de fogo, são atos do início de execução sacar a arma, apontá-la na direção da vítima com o dedo no gatilho.* Se o crime é de furto, integram a ação de subtrair *o movimento corpóreo na direção do objeto, sua apreensão e deslocamento para si.*

62. Conforme o disposto no art. 24, há, também, início de execução quando o autor "segundo seu plano delitivo, pratica atos imediatamente anteriores à realização do tipo, que exponham a perigo o bem jurídico protegido".

Para não dar margem à interpretação de que se estaria cogitando, apenas, dos crimes de ação múltipla, deveria a primeira parte do art. 24 ser retificada, para referir-se a qualquer crime. Desde que a primeira parte fosse retificada, a segunda parte do mesmo artigo seria dispensável. Mesmo porque o seu texto pode suscitar oportunidade a duvidas entre "atos imediatamente anteriores à realização do tipo" e atos "preparatórios", que são os do art. 40, os quais são, também, *anteriores à realização do tipo.* A rubrica que lhes fora dada *"execução não iniciada"*, não será suficiente para afastar os equívocos de interpretação.

## 23 A substituição da redação do crime impossível

63. Não se tornará mais clara e lógica a definição do "crime impossível" com a substituição do teor do art. 17 do Código Penal, que diz: "Não se pune a tentativa quando, por ineficácia absoluta do meio ou por absoluta impropriedade do objeto, é impossível consumar-se o crime", substituído pela redação do art. 26 do Anteprojeto que é a seguinte: "Não há crime quando, por ineficácia absoluta do meio ou por absoluta impropriedade do objeto, é impossível a sua consumação".

Com efeito, *se não há crime*, não se pode cogitar de sua consumação. Ao contrário, *havendo uma tentativa*, houve início de execução pelo emprego do meio e o objeto visado ser um bem jurídico protegido pela lei penal. Só que era uma tentativa *impossível de chegar à consumação*, porque o meio era ineficaz (uso de substância inócua) ou porque o objeto não era próprio (matar cadáver ou provocar aborto em quem não estaria grávida). Daí poder-se, logicamente, dizer que era impossível consumar-se o crime e, por isso, aquela tentativa, cujo fim era a lesão de um bem jurídico, não tendo ocorrido a lesão, não se nega a existência da tentativa, tendo-se, apenas, declarado que não seria punível.

## 24 A proposta sobre o "princípio da insignificância"

64. No art. 28, §1º, pretende-se instituir, *legalmente*, o "princípio da insignificância", porém, são tais os requisitos previstos, *a se verificarem, cumulativamente*, que, se o texto tornar-se lei, sua aplicação será mais rara do que na atualidade em que, por construção jurisprudencial, o princípio da insignificância vem sendo admitido. Os três requisitos são:
a) mínima ofensividade da conduta do agente;
b) reduzidíssimo grau de reprovabilidade do comportamento;
c) inexpressividade da lesão jurídica provocada.

Parece que não pode haver *mínima ofensividade da conduta* do agente que não compreenda a *inexpressividade da lesão jurídica provocada*. Além de que o grau de reprovabilidade do comportamento não será reconhecido sem o juízo sobre a ofensividade da conduta do agente que, por sua vez, compreende juízo de valor sobre a expressividade da lesão jurídica provocada. Isto posto, bastaria, para o reconhecimento do princípio da insignificância, a avaliação do grau de reprovabilidade da conduta do agente, envolvendo, necessariamente, juízos de valor sobre aqueles outros dois requisitos; seriam convenientes considerações sobre a índole ou temperamento do agente e sua vida pregressa que, aqui não foram acrescentadas, talvez, por entenderem os membros da Comissão que seria a admissão de algo contrario ao radical compromisso com o "direito penal do fato".[50] No Anteprojeto, ao princípio da insignificância deu-se a posição sistemática das causas de exclusão do fato criminoso, por isso, viu-se a Comissão na contingência de estender ao princípio da insignificância o excesso não punível, que propôs para as causas de exclusão do fato criminoso. Entretanto, o princípio da insignificância mais se adequa à ausência da tipicidade pela sua ofensividade mínima ou inexpressiva lesão jurídica e, se houver excesso, desfigurada estaria a insignificância.

---

[50] *Vide* p. 207 e 251 do *Relatório Final* e da Exposição de Motivos.

## 25 O excesso não punível nas causas de justificação

65. A proposta de excesso não punível nas causas de justificação (art. 28, §3º), condiz com a natureza das reações humanas, em circunstâncias do caso concreto e do estado pessoal, psicológico e emocional, do agente. Entretanto, é provável que a proposta de não se punir o excesso suscite objeções, sob a invocação histórica de escandalosas absolvições, com suposta base no art. 27, §4º, do Código Penal de 1890, que dizia: "Não são criminosos: os que se acharem *em estado de completa perturbação de sentidos e de inteligência no ato de cometer o crime"*.

As expressões "confusão mental" ou "justificado medo", no §3º do art. 28, e o emprego da expressão "outro estado análogo" nos arts. 32, II, e parágrafo único, II, do mesmo artigo, e art. 33, II, irão dar margem às reedições daquelas absolvições por "perturbação de sentidos e de inteligência", acima mencionadas. É de ver-se que não faltará quem se socorra do elemento histórico, para interpretar os textos dos artigos citados, e poderá explorar na Exposição de Motivos do Anteprojeto, a seguinte passagem: "O medo e a perturbação dos sentidos diante de uma agressão injusta podem levar, por exemplo, a resposta mais gravosa do que a estritamente necessária".[51] Outros países adotaram linguagem semelhante, para disporem sobre o excesso nas causas de justificação, mas, por certo, não tiveram antecedentes históricos como o Brasil.

Sobre a responsabilidade penal da pessoa jurídica, *matéria do art. 41 do Anteprojeto*, sustentamos posição contrária, expressa em trabalho que integrou a obra coordenada por Luiz Regis Prado e René Ariel Dotti.[52]

## 26 A orientação permanente de mudar a redação

66. Nota-se, em todo o Anteprojeto, a preocupação permanente de alterar a redação dos textos da Parte Geral do vigente Código de 1984. Depois das modificações de redação na Teoria do Crime, vêm, agora, as mudanças de redação na Teoria da pena, a começar da sistemática. A matéria vem exposta em um *Título*, assim como no Código de 1984, mas, neste, está: "Título V – Das Penas. Capítulo I – Das Espécies de Pena. Art. 32. As penas são: I - privativas de liberdade; II - restritivas

---

[51] *Relatório Final*, Exposição de Motivos da Parte Geral, p. 221.
[52] Cf. LOPES, Jair Leonardo. Responsabilidade penal incompatível com a natureza da pessoa jurídica. *In*: PRADO, Luiz Regis; DOTTI, René Ariel (Coord.). *Responsabilidade penal da pessoa jurídica*: em defesa do princípio da imputação penal subjetiva. 2. ed. São Paulo: Revista do Tribunais, 2010. p. 347 *et seq.*

ANTEPROJETO DA PARTE GERAL DO CÓDIGO PENAL – A PROPOSTA DE INCLUSÃO DA TEORIA... 105

de direitos; III - de multa". No Anteprojeto está deste modo: "Título III – Das Penas. Art. 45. As penas são: I - prisão; II - restritivas de direitos; III - de multa; IV - perda de bens e valores". 67. A "pena privativa de liberdade" passou a denominar-se, no Anteprojeto, "prisão". Se houve, ou não, melhoria do significado do objeto a que denominou, pouco importa, mas houve alteração de redação, isso parece ser o que interessava; embora a palavra "prisão" esteja mais associada, na mente das pessoas, à ideia do *local ou espaço* onde se cumpre a pena privativa da liberdade. Fora incluída no rol geral das penas (art. 45 do Anteprojeto) a *perda de bens e valores*, onde não estaria melhor colocada do que está no Código de 1984. Contudo, *o que vale mesmo para o Anteprojeto é que houve mais uma mudança, embora se trate de mera opção sobre localização.*

## 27 Aumento do rol dos crimes hediondos

68. Quanto à matéria objeto do art. 56 do Anteprojeto, nada é necessário acrescentar ao que consta desta publicação (p. 11-62), no qual reafirmamos outros pronunciamentos nosso de total desaprovação à chamada política da "Lei e da Ordem", que inspirou o Constituinte de 1988, ao aprovar o art. 5º, XLIII, e continua sendo a inspiração de todos quantos creem ou fingem crer na eficácia das medidas criminais e processuais restritivas e severas, como solução para conter a criminalidade. O Anteprojeto, no particular, dispensa comentários, porque nele já se fez opção pelo aumento do número dos crimes hediondos, assim como fazem os congressistas, quando querem dar a impressão de interesse em combater determinado crime. Ainda recentemente, após os expressivos protestos de rua, o Sr. Renan Calheiros propôs incluir a corrupção entre os crimes hediondos...

## 28 Penas restritivas de direitos e interdições temporárias

69. As penas restritivas de direitos estão previstas no art. 60 do Anteprojeto, inclusive as "temporárias" e, dentre estas, a "proibição de exercício do poder familiar, tutela, curatela ou guarda", que é, como as demais penas restritivas de direitos, substituta da pena de prisão (art. 61). Esta pena de interdição temporária o Código Penal não a previu.

Convém ressaltar aqui que, embora arrolada entre as "temporárias" (art. 63, IV, do Anteprojeto), em face do art. 94 do Anteprojeto, a incapacidade para o exercício do poder familiar (embora naquele artigo se tenha referido a *pátrio poder*) assumiu caráter de pena perpétua, pois, é prevista, também, como efeito da condenação, e nada se dispôs sobre a *duração de tal efeito*. A inabilitação para dirigir veículo foi, também, considerada efeito da condenação, *porém, a duração do seu efeito ficou limitada a cinco anos*, mas, nada fora estabelecido sobre o limite de duração do efeito da incapacidade para o exercício do poder familiar, o que pode até suscitar arguição de inconstitucionalidade diante do art. 5º, XLVII, "b", da Constituição Federal, salvo se, ao motivar os efeitos (parágrafo único do art. 94), diga-se o contrário do que diz o texto.

A verdade é que as interdições de direito são sanções meramente retribucionistas, sucedâneos das penas infamantes, que ainda sobrevivem porque, por enquanto, não se descobriu substituto melhor para as penas privativas de liberdade. Sobre tais interdições, que figuravam como "penas acessórias" no Código Penal de 1940, escreveu Costa e Silva:

> A interdição de direitos é uma pena restritiva da capacidade jurídica do condenado. É um "plus" acrescentado à pena privativa de liberdade e que importa uma diminuição do valor social, da honra, em sentido objetivo, da pessoa que a sofre. Muito se tem dito, com razão, contra essa categoria de penas. O futuro não lhe parece propício.[53]

Dir-se-á, então, que não se deveria ser, também, favorável às penas restritivas de direitos, especialmente as consistentes em "interdições temporárias", introduzidas na Reforma da Parte Geral do Código Penal em 1984.

De fato, por sua natureza, tais penas apresentam vários aspectos negativos, contudo, adotadas como penas *autônomas* e *substitutivas* das penas privativas de liberdade, comparadas com estas, são preferíveis, porque evitam o recolhimento à prisão e, consequentemente, todos aqueles malefícios próprios do confinamento e da promiscuidade dos estabelecimentos prisionais.

## 29 Da extinção do "sursis" e do livramento condicional e a omissão sobre a reabilitação

70. O Título III do Anteprojeto tratou da matéria que o Código Penal de 1984 cuidou no Título V; cumpriu-se aqui, mais uma vez, o

---

[53] COSTA E SILVA, Antônio José da. *Código Penal*: Decreto-Lei nº 2.848, de 07 de dezembro de 1940: anotado. São Paulo: Companhia Editora Nacional, 1943. v. 1, p. 346.

propósito de alterar o texto de 1984 sendo extintos três institutos de política criminal: a suspensão condicional de execução da pena (art. 77), o livramento condicional (art. 83) e a reabilitação (art. 93). As razões da extinção da suspensão condicional, ou "sursis", estão expostas no *Relatório Final* à p. 239 e as do Livramento Condicional, no mesmo relatório, à p. 233. Nenhuma explicação se deu sobre a extinção da reabilitação, nem poderia ser dada, porque a ela sequer fez-se referência no Anteprojeto.

71. Segundo a Exposição de Motivos, a Comissão "entendeu que a suspensão condicional da pena era medida anacrônica, perfeitamente substituível pela fixação inicial de regime menos gravoso de cumprimento de pena, especialmente o regime aberto. Sua permanência no Código Penal atual justifica-se apenas pela possibilidade de sua aplicação a crimes cometidos com violência ou grave ameaça, impeditiva da concessão do regime aberto. No sentido da proposta ora elaborada, a atual clientela do 'sursis' será contemplada por pena restritiva de direitos, cabível nos crimes de menor potencial ofensivo, mesmo se praticados com violência ou grave ameaça ou se a pena for igual ou inferior a dois anos".

O Anteprojeto, em geral, não revelou o objetivo de proporcionar aos condenados *regime menos gravoso*; basta considerar o acréscimo do rol dos crimes hediondos; a possibilidade do condenado a pena superior a quatro anos e inferior a oito, que, atualmente, cumpre a pena, inicialmente, em regime semiaberto, ao contrário, no Anteprojeto, tanto pode cumpri-la em regime semiaberto como *em regime fechado*; previsão de multa para todos os crimes de cuja prática possa resultar prejuízos materiais à vítima, extinção do livramento condicional; exigências mais rigorosas para a progressão.

Se fosse realmente preocupado em conceder à clientela do "sursis" regime menos gravoso, o Anteprojeto não lhe ofereceria "o regime aberto" que é muito mais oneroso do que o "sursis", porque consiste em restrição à liberdade, que ocorre em recolhimento domiciliar, sob fiscalização por meio de monitoração eletrônica e mais prestação de serviço à comunidade por tempo não inferior a um terço da pena aplicada e, ainda, cumulada com outra pena restritiva de direito. Ora, o "sursis" é concedido mediante *condições*, que se cumprem em liberdade e *não são penas cumuladas*; para serem cumpridas com restrições à liberdade, embora consistentes em recolhimento domiciliar. Quanto à possibilidade de ser o "sursis" substituído por pena restritiva de direitos já existia por disposição expressa do inciso III do art. 77 do Código Penal. Isto posto, as razões expostas para abolição do "sursis" não convencem de sua necessidade, salvo o interesse de mudar, que emerge do Anteprojeto, como orientação geral, ainda que a mudança não seja necessária e conveniente.

72. Quanto à extinção do livramento condicional, além de contra indicações de ordem dogmática e de política criminal, a abolição do beneficio aumenta o custo da execução penal, porque os condenados permanecerão por mais tempo recolhidos à prisão, o que representa mais despesa para o Estado. É claro que este fato, por si só, não justificaria a mantença do instituto, mas, ao lado de outros, não pode deixar de ser considerado.

Como razões para a extinção do livramento condicional, segundo a Exposição de Motivos:

> A Comissão de Reforma constatou que existe, no Código Penal atual, área de concorrência, se não de superposição, entre a progressão de regime e o livramento condicional. Especialmente em se tratando de regime aberto de cumprimento de pena, há comunhão de requisitos com o livramento condicional. Este apresenta, porém, a desvantagem de desprezar o período de pena em liberdade, se a sua revogação ocorrer por fato praticado após seu início. Além do mais, o fato que enseja a revogação demandaria, em tese, confirmação pelo devido processo. Ou seja, o resto de pena que poderia existir só poderá ser executado se, ao final do processo relativo ao fato revogador, a sentença for condenatória. Trata-se de benefício surgido em momento legislativo no qual apenas ele implicava em movimentação do regime fechado. Se o sursis não fosse concedido, ele era o benefício restante. Mais simples e mais vocacionado para a ressocialização gradual do condenado está o regime aberto de cumprimento de pena. Especialmente se, conforme proposto à frente, ele incluir período necessário de serviços à comunidade.[54]

Não há qualquer superposição entre a progressão de regime e o livramento. Os dois institutos não estão sujeitos aos mesmos requisitos, logo, não pode haver superposição. Para o livramento condicional, está previsto que o detento há de ter cumprido um terço da pena, que lhe tenha sido imposta, e este terço da pena é variável em função da quantidade da pena a que tenha sido condenado. Enquanto que, para obter a progressão, basta o condenado cumprir um sexto da pena, qualquer que tenha sido a quantidade da que lhe tenha sido imposta. Não há, pois, quanto ao requisito objetivo do decurso de tempo, qualquer superposição entre progressão e o livramento. Assim como entre este e o regime aberto não há comunhão de requisitos. Antes de tudo, cabe

---

[54] *Relatório Final*, Exposição de Motivos da Parte Geral, p. 233.

considerar que, embora se diga que o condenado cumpre a pena *em regime aberto*, na verdade, está ele sofrendo restrição em sua liberdade, porque recolhido em prisão domiciliar, sujeito à fiscalização eletrônica e dependente do cumprimento de toda a pena imposta para ser posto em liberdade. No livramento condicional, o condenado cumpre, em liberdade, o restante de pena que tiver a cumprir. Aí a enorme diferença entre o livramento e a progressão ou o regime aberto.

Mas a Comissão diz que o livramento apresenta a desvantagem de desprezar o período de pena em liberdade, se a sua revogação ocorrer por fato praticado após o seu início. A perda de prazo, apontada como "desvantagem" do livramento condicional, não existe em comparação com o regime proposto para substituí-lo, porque, conforme o disposto no §2º do art. 48 do Anteprojeto, o cometimento — não de crime como no caso do livramento — mas de "falta grave" interrompe o prazo para a progressão de regime, iniciando *novo prazo a partir da data da infração disciplinar* e o condenado ainda fica sujeito à regressão. A Comissão mostrou-se condoída pela sorte do beneficiário do Livramento Condicional e esqueceu-se de sentir dó pelo beneficiário de seu regime progressivo, que é severamente punido pela perda de prazo e ainda sofre regressão, o que retarda a liberação final por muito tempo.

Não resta a menor duvida de que a justificativa apresentada para a abolição do Livramento Condicional não convence a ninguém, sendo que se eliminaria o instituto de política criminal que mais alimenta a esperança de liberdade, estimulando, efetivamente, a melhoria de conduta do condenado.

A última alegação apresentada como fundamento para a extinção do Livramento Condicional seria a de que "mais simples e mais vocacionado para a ressocialização gradual do condenado está o regime aberto de cumprimento de pena". Especialmente se, conforme proposto à frente, ele incluir período necessário de serviços à comunidade.

Aqui a Comissão mostra-se preocupada com o processo de *"ressocialização gradual do condenado"*, no entanto, ignora o instituto da reabilitação, que poderia ser ignorado, coerentemente, se tivesse sido em razão de sua finalidade ter sido substituída pelo art. 202 da Lei de Execução Penal que diz:

> Cumprida ou extinta a pena, não constarão da folha corrida, atestados ou certidões fornecidas por autoridade policial ou por auxiliares da Justiça, qualquer notícia ou referência à condenação, salvo para instruir processo pela prática de nova infração penal ou outros casos expressos em lei.

*Este texto, que substitui, em parte, a Reabilitação,* proporciona ao egresso da prisão uma folha corrida limpa, que, realmente, é relevante ajuda para sua *"ressocialização",* possibilitando-lhe a exibição de comprovante sobre seu passado, que não registre a condenação, para evitar a rejeição, e possibilitar-lhe bom trânsito no meio social, o que lhe facilitará a obtenção de emprego ou o exercício de sua profissão ou de outra atividade, contribuindo, efetivamente, para a sua *ressocialização.*

73. As modificações feitas no regime progressivo de cumprimento das penas foram no sentido de dar tratamento mais severo à execução. No regime aberto, indicado pela Comissão como capaz de substituir o "sursis" e o livramento condicional, é mantida a restrição à liberdade do condenado, embora em recolhimento domiciliar, mas, sujeito a cumprir duas penas restritivas de direitos, sendo uma delas a prestação de serviço à comunidade, a ser, obrigatoriamente, executada no período inicial de cumprimento e por tempo não inferior a um terço da pena aplicada (art. 52, §1º), e ainda sob ameaça de regressão; as condições para a progressão foram extremamente agravadas (art. 47, seus incisos e parágrafos). Na mesma linha de política criminal, o rol dos crimes hediondos foi ampliado até pela inclusão de fato ainda não definido como crime. É prevista a multa para todos os crimes de cuja prática possa resultar prejuízos materiais à vítima. E o condenado a uma pena superior a quatro anos e não excedente a oito, cujo regime foi sempre semiaberto, passou a ficar sujeito a regime semiaberto *ou fechado.*

## 30 As disposições sobre a individualização das penas

74. A Comissão resolveu disciplinar a individualização das penas, garantia da maior importância e, como tal, matéria do art. 5º, XLVI, da Constituição Federal, para tanto, criou no Anteprojeto o Título IV da Parte Geral.

A individualização realiza-se mediante o procedimento de aplicar a pena prevista no tipo em que o condenado esteja incurso. No Anteprojeto, fora mantido o critério trifásico consistente, na primeira fase, em fixação da pena base, atendendo-se às circunstâncias judiciais (art. 75); em seguida, na segunda fase, serão consideradas as circunstâncias gradativas ou impropriamente chamadas "legais", que são as do art. 77 (agravantes) e as do art. 81 (atenuantes), sendo, na terceira fase, levadas em conta as causas de aumento ou de diminuição da pena as quais, em regra, são previstas na Parte Especial e nas próprias figuras típicas, em textos que as integram (ex.: parágrafos 2º e 3º do art. 121), mas são encontradas causas de diminuição de pena na Parte Geral (ex.: art. 23; art. 32, parágrafo único; art. 35, §1º).

ANTEPROJETO DA PARTE GERAL DO CÓDIGO PENAL – A PROPOSTA DE INCLUSÃO DA TEORIA... | 111

75. A Comissão resolveu prever na Parte Geral os casos de aplicação de multa, estabelecendo que "a multa será aplicada em todos os crimes que tenham produzido ou possam produzir prejuízos materiais à vítima, ainda que coletiva ou difusa, independentemente de que cada tipo penal a preveja autonomamente" (art. 74). A aplicação deveria ser condicionada às reais condições econômicas do condenado, sob pena de tornar-se medida elitista e odiosa.

Estabeleceu-se, também, que: "As causas especiais de aumento ou de diminuição terão os limites cominados em lei, não podendo ser inferiores a um sexto, salvo disposição expressa em contrário" (art. 71 e seu parágrafo).

## 31 A pena base e os critérios para sua individualização

76. Para a individualização da pena, não há duvida de que a fixação da chamada "pena-base" — ato da primeira fase de aplicação da pena — é da maior relevância, porque sua tendência para o máximo ou para o mínimo, deve, coerentemente, orientar os valores dos quantitativos das agravantes ou atenuantes e das causas de aumento ou diminuição da pena. Seria total falta de coerência fixar, atendendo às circunstâncias judiciais, a pena base no mínimo e, por exemplo, em face de uma causa de aumento, não adotar o aumento mínimo cominado.

A Comissão esteve extremamente preocupada com o direito penal do fato e refere-se a uma "objetivação das circunstâncias judiciais", explicando:

> A proposta retira do espaço de cognição judicial, para fins de dosimetria da pena, aspectos subjetivos como a conduta social e a personalidade do agente. A conduta social porque permitia valorações de cunho moral ou de classe ou estamento social. Já a personalidade do agente se apresentava como dificílima aferição pelo julgador, pois o processo crime raramente traz tais indicativos psicológicos que permitissem um exame acurado. A retirada destes elementos de grande subjetividade condiz, além de tudo, com o Direito Penal do fato, e não do autor. A proposta é prestigiar as circunstâncias do fato criminoso e a conduta do agente, como grandes elementos para o encontro da pena individual.[55]

O conceito de direito penal do fato é objeto de consideração, especialmente, na definição da culpabilidade, estabelecendo-se distinção

---

[55] *Relatório Final*, Exposição de Motivos da Parte Geral, p. 251.

entre culpabilidade "pelo fato individual" (*Einzeltatschuld*) e culpabilidade "pela conduta da vida (*Lebensführungsschuld*), sendo que o conceito de culpabilidade do Direito Penal alemão refere-se fundamentalmente à culpabilidade pelo fato individual".[56] Mas, convém esclarecer que o mesmo notável e respeitado mestre Jescheck, afirmou que "o Direito penal vigente na Alemanha é um *Direito Penal de ato*, porém na medição da pena tem em conta a personalidade do autor no marco dos tipos delitivos configurados sempre como tipos de ação".[57]

Aliás, o próprio Código Penal alemão, em seu art. 46, ao contrário do Anteprojeto, inclui, entre as circunstâncias a serem ponderadas na individualização da pena, algumas de natureza subjetiva, *in verbis*:

a) os móveis e a finalidade do autor;

b) a intenção que se manifeste no fato e a vontade aplicada em sua prática;

c) a medida do descumprimento do dever;

d) o modo de execução e as repercussões culpáveis do fato;

e) a vida interior do autor, sua situação pessoal e econômica;

f) seu comportamento depois do fato e em especial seus esforços para reparar o dano.

Do que acaba de ser exposto, infere-se que a preocupação da Comissão com o Direito Penal do fato, não impunha, como consequência, a exclusão da *conduta social e da personalidade* do agente do conjunto das circunstâncias judiciais, pois, como acima visto, mesmo na Alemanha, onde predomina a culpabilidade do fato individual, não se considerou necessário, para os fins de individualização da pena, abolir-se no art. 46 de seu Código Penal, qualquer circunstância de ordem subjetiva.

77. Deduz-se que a *conduta social* e a *personalidade do agente* foram excluídas das circunstâncias judiciais não porque, por si mesmas, não sejam úteis indicativos para a *individualização* da pena, mas, quanto à conduta social, segundo a Comissão, "porque permitia valorações de cunho moral ou de classe ou estamento social" e, quanto à personalidade do agente, segundo a Comissão, porque "se apresentava como de dificílima aferição pelo julgador".

Ambas as razões de exclusão, alegadas pela Comissão, seriam atribuíveis ao Juiz. Logo, o necessário seria advertir sobre a forma de conduzir a instrução criminal. Quem, como o autor deste escrito, tivera

---

[56] Cf. JESCHECK. *Tratado de Derecho Penal*: Parte General, v. 1, p. 581, §38, IV.
[57] JESCHECK. *Tratado de Derecho Penal*: Parte General, v. 1, p. 75, §7, III, 2.

a honra de ser magistrado, em primeira e segunda instâncias, e exerce a advocacia por mais de meio século, tem experiência suficiente para assegurar que, durante a instrução criminal, é possível o magistrado colher elementos que lhe permitam qualificar a personalidade do agente, desde que se interesse por saber algo sobre o comportamento do *indivíduo* no seio de sua família, no local de trabalho, nos dias de folga ou de férias, nas atividades profissionais, nas entidades de ensino, se for o caso; nos clubes sociais ou esportivos, enfim no relacionamento humano e social da pessoa.

78. Tais informações podem ser obtidas, sobretudo, quando se apresentam testemunhas, que nada saibam sobre o fato criminoso, nem por ouvir dizer, às quais os juízes sobrecarregados de trabalho, nada perguntam e desinteressam-se do que possam dizer.

No entanto, é evidente que as partes não iriam arrolar como testemunha alguém que nada de útil pudesse informar, a fim de contribuir para a realização da Justiça do caso concreto. Ocorre que, quando a testemunha diz que do caso só conhece o acusado, o magistrado nada lhe pergunta, como sói acontecer. No entanto, a testemunha poderia dar informações que permitiriam formar juízo sobre a índole ou temperamento do acusado, informando, também, sobre as suas reações, diante das pessoas e dos fatos, em circunstâncias eventuais adversas.

79. Ao iniciar a instrução criminal, o Juiz não pode saber se vai condenar ou absolver, por isso, deve sempre se interessar em colher a maior soma de informações possíveis, não só sobre o fato, mas, também, sobre a pessoa de seu autor, para que tenha, afinal, elementos suficientes para julgar e, se condenar, para fazer justa individualização da pena.

O Direito Penal não pode ser somente do *fato*, como se este não fosse obra de uma Criatura Humana, que tem vícios e virtudes, bons e maus momentos, que podem explicar melhor o fato com todas as suas circunstâncias. Remete-se o leitor aos itens 52-54 *supra* e seja permitido repetir-se aqui a lição do notável mestre Hans-Heinrich Jescheck, segundo a qual, "o correto parece **a união de ambas concepções**. O núcleo do conceito de culpabilidade só pode ser a culpabilidade pelo fato individual, mas o Direito Penal deve ter em conta também a miúdo a culpabilidade do autor"[58] (grifos no original). E, no já citado §7, III, 2, sustenta o festejado penalista que "O Direito Penal do ato *na medição da pena tem em conta a personalidade do autor*"[59] (grifos nossos).

---

[58] JESCHECK. *Tratado de Derecho Penal*: Parte General, v. 1, p. 583, §38, 3.
[59] JESCHECK. *Tratado de Derecho Penal*: Parte General, v. 1, p. 75, §7, III, 2.

Fica, portanto, bem claro que, ao contrário do exposto no *Relatório Final* (p. 251), a preferência pelo "direito Penal do fato" não impunha, necessariamente, a exclusão de circunstâncias subjetivas ao propor-se texto sobre a individualização da pena. Além disso, se, como se afirma, à p. 255, do *Relatório Final*, "a única alteração em relação ao texto do Código Penal vigente foi a supressão da "personalidade do agente", como circunstância preponderante, *pelas mesmas razões que presidem sua retirada do cálculo da pena-base*: subjetividade e ausência de elementos de aferição nos autos do processo crime", então, deveriam seus restabelecidos os termos da redação do art. 59 do Código Penal, a menos que se insista em modificar, a qualquer custo, a redação da Parte Geral de 1984 do Código Penal.

## 32 Da barganha e da colaboração com a Justiça

80. O Título VII, *embora conste no Anteprojeto Título VIII*, dispõe sobre o acordo entre o Ministério Público e a Defesa, para, antes da audiência de instrução e julgamento, ser aplicada a pena. Para que seja viável o acordo, é previsto o oferecimento da denúncia e seu recebimento, a fim de que se possa fazer um juízo sobre a existência, ou não, de Justa Causa para a acusação do crime de que se trate. Ao lado disso, influirá, decisivamente, sobre a aceitação do acordo, especialmente por parte do acusado, saber a duração da pena a ser cumprida. Para tanto, as partes deverão dirigir ao Juiz um requerimento em que manifestarão a intenção de celebrar o acordo e farão pedido no sentido de que seja a pena aplicada no mínimo da cominação legal, diminuída, ainda, de um terço (art. 105, §1º, II).

Recebida a denúncia e deferido o requerimento sobre a quantidade de pena a ser cumprida, exigir-se-á do acusado a confissão, total ou parcial da culpa em relação aos fatos imputados na peça acusatória (art. 105, §1º, I) e que faça expressa manifestação de dispensa da produção das provas (art. 105, §1º, III).

81. Não consta, na proposta do Anteprojeto, impedimento para o acordo em razão da natureza do crime de que a parte seja acusada, não estando, portanto, excluído o crime hediondo, tanto que até se proíbe o cumprimento da pena em regime inicialmente fechado, que é o regime inicial próprio do acusado de crime hediondo (art. 105, §3º), que há de ficar proibido na barganha.

Embora não haja obstáculo ao acordo decorrente do tipo penal em que incida o indiciado ou acusado, é pouco provável, porém, que o Ministério Público manifeste vontade de fazê-lo, quando se trate de fato com repercussão na mídia, que forma ou *deforma* a opinião pública.

82. Se for aprovado o Projeto de Reforma Penal, a barganha só vai interessar a quem esteja acusado por crime de maior gravidade, especialmente o hediondo porque o acusado da prática de tal crime, desde sua criação, ao acusado nada lhe fora concedido, antes, nem durante, nem depois da execução, senão esta possibilidade de barganha, por isso, com certeza, o acusado de tal crime não perderá a oportunidade da barganha se lhe for proposta.

Por sua vez, o acusado por crime de pequeno potencial ofensivo ou cuja pena mínima seja igual ou inferior a um ano, procurará valer-se da Lei nº 9.099, para fazer acordo, nos termos do art. 72 ou para a suspensão do processo, conforme o art. 89, porque, nas duas hipóteses, o acusado continuará em liberdade, enquanto na barganha terá que se confessar culpado e cumprir em prisão a pena resultante do acordo.

83. Segundo a Exposição de Motivos, "seguiu-se, com adaptações à realidade nacional, o modelo do 'plea bargain' norte-americano, no sentido de conceder larga autonomia às partes para a concertação de termos da avença que possam convir a ambas. Não há meios de compelir as partes ao acordo. Elas transigirão se assim for de seu interesse. Não se desenhou a proposta no sentido de erigir o acordo em direito da acusação ou da defesa, posto que 'acordo obrigatório' não é um acordo, é um oximoro".[60]

Do mesmo modo que não se procurará o acordo da Barganha quando o caso comporte a aplicação da Lei nº 9.099, não haverá, também, interesse por ela se mantido o livramento condicional que, na proposta do Anteprojeto, seria extinto. Os dois institutos se assemelham só em que ambos supõem o cumprimento *de parte da pena* em regime de prisão, mas se diferenciam em que uma das partes, no livramento condicional, é cumprida em liberdade e na barganha a pena acertada é sempre cumprida na prisão. Além do mais, o livramento condicional é um direito do condenado, se cumpridas as condições objetivas e subjetivas para sua obtenção, enquanto, como já advertido na Exposição de Motivos, a barganha não é um direito do acusado, nem podia ser, mesmo porque depende do acusado *querer fazer a "delação"* e do Ministério Público *querer o acordo*. A conclusão a que se chega é a de que, vigente a Lei nº 9.099 e, mantido o livramento condicional, a barganha somente poderá interessar a quem esteja sujeito à pena de um crime hediondo, já que a hediondez do crime não exclui a delação e a barganha.

---

[60] *Relatório Final*, Exposição de Motivos da Parte Geral, p. 267.

## 33 Do imputado colaborador

84. Com esta denominação tratou-se da "delação premiada" que consiste no fato do indivíduo se auto acusar do crime e delatar seus comparsas de atividade criminosa, em troca de uma diminuição de pena. São todos logo acusados de agir em "quadrilha ou bando", quando não em "associação ou organização criminosa". Depois que passaram a ser feitas referências a tais entidades criminosas, de cujas existências se tinha notícia na Itália (a máfia), nos Estados Unidos (o gangsterismo e ultimamente o terrorismo) e na Espanha (o ETA), todo crime que aqui se comete por mais de três pessoas, não se cogita de saber se foi um crime em concurso de pessoas, tal como previsto no art. 29 do Código Penal, preferindo-se logo classificar o fato como uma atividade mais perigosa, temível e preocupante.

Logo se considerou que, em face de crimes de tais proporções, para investigação e repressão de seus autores seriam necessários meios especiais. Daí, surgiu a Lei nº 9.034, de 03 de maio de 1995, que "dispõe sobre a utilização de meios operacionais para a prevenção e repressão de ações praticadas por organizações criminosas". Entre as medidas de que trata esta lei inclui-se, sob o eufemismo de "colaboração espontânea do agente", a "delação premiada", segundo a qual o agente, que participou da organização, poderá ter a sua pena reduzida de um a dois terços se colaborar com a Justiça prestando informações que possam levar ao esclarecimento de infrações penais e sua autoria.

85. Como constou da Exposição de Motivos do Anteprojeto, a delação premiada está prevista em dispositivos esparsos, como o da Lei nº 9.034, e outras leis, tendo entendido a Comissão de prever tais regras na parte geral do Código Penal, sinalizando sua aplicação a todos os delitos, sendo que lhe deu outra definição e acenou ao acusado, se for primário, com o próprio perdão ou redução da pena.

Conhecendo-se, como se conhece, o instinto de defesa que se manifesta até nos animais irracionais, pode-se calcular o que a criatura humana, ameaçada de cumprir penas gravíssimas e de longa duração, é capaz de fazer, para salvar-se da severidade das sanções. Daí, o suspeito caráter da prova fornecida pelo delator. Na lei proposta, o art. 106, parágrafo único, II, dispõe que: "a delação de coautor ou partícipe somente será admitida como prova da culpabilidade dos demais coautores ou partícipes quando acompanhada de outros elementos probatórios convincentes". Tal *disposição legal* não tem o condão de mudar a natureza humana do acusado ao resolver optar pela perigosa "delação". Tão perigosa que ao acusado-delator se proporciona a proteção da Lei nº 9.807/99.

A proteção dada pela Lei nº 9.807/99 ao delator assegura-lhe que, por mais que diga e por mais comprometedor que seja o que disser, nenhum risco correrá de uma reação dos delatados.

## Referências

ABBAGNANO, Nicola. *Dicionário de Filosofia*. Tradução de Alfredo Bosi *et al*. 2. ed. São Paulo: Mestre Jou, 1982.

BITENCOURT, Cezar Roberto. *Manual de Direito Penal*: parte geral. 5. ed. São Paulo: Revista dos Tribunais, 1999.

BRAGA JÚNIOR, Américo. *Teoria da Imputação Objetiva*: nas visões de Claus Roxin e Günther Jakobs. Belo Horizonte: Ius Editora, 2010.

BRUNO, Aníbal. *Direito Penal*. Rio de Janeiro: Ed. Nacional de Direito, 1956.

COSTA E SILVA, Antônio José da. *Código Penal*: Decreto-Lei nº 2.848, de 07 de dezembro de 1940: anotado. São Paulo: Companhia Editora Nacional, 1943.

DOTTI, René Ariel. Algumas bases ideológicas do Projeto 236/2012. *Boletim IBCCRIM*, v. 20, n. 240, p. 2-4, nov. 2012.

FRAGOSO, Heleno Cláudio. *Lições de direito penal*: a nova parte geral. 7. ed. Rio de Janeiro: Forense, 1985.

FRANCO, Alberto Silva *et al*. *Código Penal e sua interpretação jurisprudencial*. 5. ed. São Paulo: Revista dos Tribunais, 1995.

GALVÃO, Fernando. *Imputação objetiva*. Belo Horizonte: Mandamentos, 2000.

GARCIA, Basileu. *Instituições de direito penal*. 7. ed. São Paulo: Saraiva, 2008.

GONÇALVES, Luiz Carlos dos Santos. Em defesa da reforma penal. *Boletim IBCCRIM*, v. 20, n. 240, p. 4-6, nov. 2012.

JAKOBS, Günther. *La imputación objetiva en Derecho Penal*. Traducción de Manuel Cancio Meliá. Madrid: Civitas, 1996.

JESCHECK, Hans-Heinrich. *Tratado de Derecho Penal*: Parte General. Traducción de Santiago Mir Puig y Francisco Muñoz Conde. Barcelona: Bosch, 1981.

LOPES, Jair Leonardo. *Curso de Direito Penal*: parte geral. 4. ed. São Paulo: Revista dos Tribunais, 2005.

PRADO, Luiz Regis; DOTTI, René Ariel (Coord.). *Responsabilidade penal da pessoa jurídica*: em defesa do princípio da imputação penal subjetiva. 2. ed. São Paulo: Revista do Tribunais, 2010.

RELATÓRIO FINAL: Anteprojeto de novo Código Penal e Exposição de Motivos das propostas efetuadas. Comissão de Juristas, Brasília, 18 jun. 2012. Disponível em: <http://www12.senado.gov.br/noticias/Arquivos/2012/06/pdf-veja-aqui-o-anteprojeto-da-comissao-especial-de-juristas>.

ROXIN, Claus *et al*. *Sobre el estado de la Teoría del Delito*: Seminario en la Universitat Pompeu Fabra. Madrid: Civitas, 2000.

ROXIN, Claus. *Derecho Penal*: Parte General: Fundamentos; La estructura de la teoría del delito. Traducción de Diego-Manuel Luzón Peña, Miguel Díaz y García Conlledo y Javier de Vicente Remesal. Madrid: Civitas, 1997. t. I.

ROXIN, Claus. *Problemas básicos del Derecho Penal*. Traducción de Diego-Manuel Luzón Peña. Madrid: Reus, 1976.

RUDOLPHI, Hans-Joachim. *Causalidad e imputación objetiva*. Traducción de Claudia López Díaz. Bogotá: Universidad Externado de Colombia; Centro de Investigaciones de Derecho Penal y Filosofía del Derecho, 1998.

TAVARES, Juarez. *Teoria do crime culposo*. 3. ed. Rio de Janeiro: Lumen Juris, 2009.

TAVARES, Juarez. *Teoria do injusto penal*. Belo Horizonte: Del Rey, 2000.

Esta obra foi composta em fonte Palatino Linotype, corpo 10
e impressa em papel Offset 75g (miolo) e Supremo 250g (capa)
pela Gráfica e Editora O Lutador, em Belo Horizonte/MG.